あの偉人たちもじつはポンコツ?!

しくじり
歴史人物事典

監修 大石学

JN242669

たった**2**分でわかる！

ザックリ

≫ 人類、誕生

地球上に人類が誕生したのは、
今から約700〜600万年前。
日本から遠く離れた、
アフリカ大陸だった。
サルからヒトへ進化した、猿人だ。

≫ 日本列島ができる

人類は、原人、新人と進化をとげ、
世界各地へ広がった。
現在、われわれが住む日本列島は、
ある時ユーラシア大陸から独立して、
約1万年前に誕生。
日本は島国としての歴史を、スタートさせた。

≫ 日本の歴史、始まる！

それから1万年の間、よりよい暮らしを求めて、
人々は社会を発展させた。
それが旧石器時代から、縄文時代、弥生時代、古墳時代、
飛鳥時代、奈良時代、平安時代、鎌倉時代、室町時代、
安土桃山時代、江戸時代、明治時代、大正時代、昭和時代、
そして平成時代と、今につながる。
（くわしくは、152ページの年表を見よう。）

歴史 (レキシ)

時代が生んだ ヒーロー＆ヒロイン＝偉人

さまざまな時代を、生き抜いてきた人々……。
楽しいときもあり、苦しいときもあり、大きな変化が起こるときもあった。
その時、勇気を出して行動したり、みんなをまとめたり、
これまでとちがうことにチャレンジしたりして、
時代をつくってきたヒーローやヒロインが、
のちに偉人と呼ばれた人たちだ。

歴史とは… 人生の壮大なアルバム

いつの時代も、歴史上には、
そこに生きた人がいて、何かに喜んだり悲しんだり、
成功したり失敗したりしてきた。
そんな人類の思い出が
いっぱいつまったものを歴史という！

**これからの歴史をつくろう！
さあ、自分の人生どう生きる？**

偉人スペシャル対談

ついに実現!

第1回

織田信長 × 徳川慶喜

時代のターニングポイントに活やく！

信長　まさかおぬしの先祖に、**天下を横どりされるとは**思ってもみなかったわ。

慶喜　**家康公が天下をとった**ことでしょうか!?
ぼくも若いころは、"家康公の再来"と言われて、**アイドルなみ**に人気があったものでしたが…。

信長　おぬし、ふざけておるのか…。

慶喜　まっ、待って！　刀はおさめて！
ぼくは**戦争がきらい**なんですよ。

信長　フン…。平和ボケしておるなあ。

慶喜　でも、**江戸時代の200年以上もの間に平和が実現**したことは、世界でもめずらしいことなんですよ。

信長　そうなのか。しかし、わしは戦乱の世しか知らぬ…。

慶喜　江戸時代は平和で、文化も栄えて、いい時代でしたよ～。

信長　そうは言っても、おぬしこそ、**その幕府を終わらせた張本人**ではないか！

慶喜　ぎくっ。ぼ、ぼくは戦争反対だったからこそ…。

信長　言いわけにしか聞こえぬわ。
まあ、わしも**後悔がないわけはない**が、な。

慶喜　はい、ぼくもです。

待ってました!?

第250回

源実朝 × 足利義政

将軍なのに文化を極めた風流人

実朝 こんにちは。本日もたいへんよいお天気で…。

義政 そうですね。こんな日は…。

実朝 和歌がよみたくなりますなあ。

義政 そのとおり!! やはり気が合いますな。
親しみをこめて、**トモちゃん**とお呼びしていいでしょうか?

実朝 いいですよ。では、ぼくは**ヨッシー**で。

義政 ホッホッホッ…。

実朝 ホホホホホ…。

義政 わたしたちが同じ時代に生まれていたら、
さぞかし気が合ったでしょうなあ。

実朝 **おたがい幕府のトップ。武士なのに、
文化的なセンスはバツグン**だった（笑）。

義政 しかもおたがい、家来に教養がないことといったら！

実朝 でも、今度生まれかわったら、
"家来に大切にされない"ことのないように、
おたがいに気を付けたいものですね…（涙）。

もくじ

第1章

作戦悪くてしくじった！

第2章

能力足りずにしくじった！

極端すぎてしくじった！ 第3章

この本の読み方

じゃ

1 なんとなくわかる！
人生すごろく

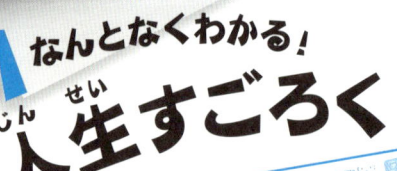

歴史人物の一生を、わかりやすくすごろくに！

★黄色の部分は、「もしかして、こんなことをしていたかも…」という内容がすごろくの指令といっしょに書いてある。時代のようすを想像しながら遊んでね。

2 しくじり

偉人の残念なところ、"しくじりポイント"を、それぞれの人物が現代風に自ら紹介！

必死に生きてこそ
その生涯は光を放つ
……………はず

でござる…3 みんなのコメント

あの日、わしは本能寺で茶会を開き、よい気分で眠っておった。光秀のやつ、よくおり物をくれるし、わしのことが好きなのかと思っておったのに！ただ、わしはすぐ気が変わって、家臣を追放したりしていたから、それを恐れたのかもしれないのう。

#茶会　#茶器を見せびらかしていた
#よい気分　#起きてビックリ

😊 いいね！0件　😵 ゆるすぎ！25602件

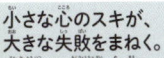

小さな心のスキが、大きな失敗をまねく。

「天下統一」という目標達成は目の前だったのに、少しの油断で勢力が水のあわに。油断は大敵！ものごとは最後まで、気を配ることが大切に。

15

その人物の経験から、
日常にいかせるポイントを伝授。
「自分だったらどうするかな？」
と考えてみてね。

関係者から集めたコメント集。
普段は見えてこない、
意外な一面が発見できるかも？！

どこかやり方が悪くてしくじった…。
歴史に名を残した人にも失敗はあった！

犬 イヌ
いぬ
お犬さま〜

徳川綱吉

人生前向きに〜
はい
チ〜ズっ

徳川慶喜

判決？
とにかく
有罪！
井伊直弼

一期一会

1575年
長篠の戦い
武田軍を
鉄砲隊で破る

鉄砲は最初、何と呼ばれて
いたか答えよ！（答えは欄外に）

1576年
安土城を築く

高いところに上って、
殿様気分を味わえ！

1573年
室町幕府を
滅亡させる

天下統一に
近づき、3コマ進む

1570年
姉川の戦い
朝倉・浅井の
連合軍を破る

苦しい
戦いに勝ち、2コマ進む

天下布武※の野望を
もち始める

天下布武と
10回書け！

1582年
本能寺の変
で敗れて、自害

天下統一
直前で
GOAL!

※「天下を武力で平定する」という意味。

答え：「種子島」。鉄砲が中国船により、種子島に伝えられたことから。

天下統一、あと少しだったのに。部下に足元をすくわれるとは…。

織田信長

天下統一手前にして、本能寺の変で死んでしまって残念でしたね。

まさか光秀にやられるとは不覚だった…。

光秀さん、いったいどうしてそんなことを…?

わしに言わせるのかっ!

人間50年 下天の内を くらぶれば 夢幻のごとくなり。

本能寺の変
1582年、京都・本能寺に宿泊中だった織田信長が、重臣・明智光秀 →P20 の謀反により襲われた事件だよ。信長は敗北をさとると、寺に火をはなって自害したんだ。

人間50年 下天の内をくらぶれば 夢幻のごとくなり
信長が出陣前に好んで舞ったという、「敦盛」という舞の一節。「人間の50年は、神や仏の世界の時の流れにくらべたら、夢や幻のようにはかないものだ」といった意味なんだ。

nobunaga

あの日、わしは本能寺で茶会を開き、よい気分で眠っておった。光秀のやつ、よくおくり物をくれるし、わしのことが好きなのかと思っておったのに！　ただ、わしはすぐ気が変わって、家臣を追放したりしていたから、それを恐れたのかもしれないのう。

#茶会　#茶器を見せびらかしていた
#よい気分　#起きてビックリ

 いいね！ 0件　　 ゆるすぎ！ 25602件

※いいね！　などの評価は、この本オリジナルの評価です。

しくじり まとめ

小さな心のスキが、 大きな失敗をまねく。

「天下統一」という目標達成は目の前だったのに、少しの油断で努力が水のあわ。油断は大敵！　ものごとは最後まで、気を配ることが大切だ。

15

短気で残ぎゃくなだけ!? 信長って実はこんな人!!

▼家臣が明かした信長とは…

"自意識過剰で人の意見を聞かないんです"

👤 ルイス・フロイス（宣教師） あちゃー

話 話 話 わし最強だから 最強だから

信長などの、戦国武将たちと交流のあったルイス・フロイスは、著書の中で、信長について、「ごうまんで名誉心が強く、家臣の言うことをほとんど聞かない」と書いているんだ。

"利益のない神を拝むくらいなら、自分を拝めと言っていました" 👤 家臣

"味のうすい料理に腹を立てられ、殺されそうになりました" 👤 料理人 あちゃー

▼そんな中、あの天下人たちが意外な一面を教えてくれる

家がらではなく、能力で家来に取り立ててくださった

豊臣秀吉　→あっぱれ歴史人物事典 P36　いいね！

信長は、「人を使うときには、能力があるかないかで決めるべき。昔から仕えているという理由などを持ち出すべきではない」と、能力を重視して人を取り立てたんだよ。秀吉や明智光秀などがよい例だ。

兄のようにしたっていました。人質時代、姉川の戦いや長篠の戦いでは、いっしょに戦ったものです

徳川家康　→あっぱれ歴史人物事典 P102　いいね！

▼こんな魅力ももっていたようで…

とても清潔でキレイ好き。屋しき内も整とんされていました ♟ ルイス・フロイス　いいね！

秀吉様と私の仲をとりもってくださるやさしい方※です ♟ 秀吉の正室・おね　いいね！

※秀吉の浮気におねがおこったとき、「あなたは秀吉にはもったいないくらい、いい奥さんですよ」と信長がとりなしの手紙を書いている。

これにておしまいじゃ！

キャッチフレーズ つけちゃおう！

テスト その1

個性あふれる偉人たちの人生を、ひと言で表すなら？ キャッチフレーズをつけてみよう。

なまえ _____

点

テストに入る前に 読もう！

(1) 全力で96点のところだけ解かない。
(2) 100点とっても成績はあがらない。
(3) さらにぴったりなフレーズを思いついたら、ボーナスで＋50点！

問 次のキャッチフレーズ（①〜⑤）の●とぴったりな歴史上の人物（Ⓐ〜Ⓔ）の★を線で結びなさい。

① チーム平家★不動のセンター
（1点） ・・・●

② だって、弟キャラだもん
（1点） ・・・●

③ ザ・戦国最強戦士
（1点） ・・・●

④ 少年よ、野望を抱け
（1点） ・・・●

⑤ 三日天下と呼ばないで
（96点） ・・・●

※P84-85の答え…①—C、②—A、③—B、④—E、⑤—D

平清盛（たいらのきよもり）
どのキャッチフレーズ？

Ⓐ

織田信長（おだのぶなが）
どのキャッチフレーズ？

Ⓑ

明智光秀（あけちみつひで）
どのキャッチフレーズ？

Ⓒ

武田信玄（たけだしんげん）
どのキャッチフレーズ？

Ⓓ

源義経（みなもとのよしつね）
どのキャッチフレーズ？

Ⓔ

➡ 答えはP84へ！

明智光秀
あけ　ち　みつ　ひで

生没年
1528？
～
1582

室町～安土桃山
時代

なんとなくわかる！
人生すごろく
じんせい

START！

殿へ
さがさないで
ください。
光秀

ガーーン

1556年
ねん
主君・齋藤道三が
しゅくん　さいとうどうさん
死に、仕事を失う
し　しごと　うしな

がっかりして
1回休み
かいやす

1566年
ねん
朝倉義景につかえる
あさくらよしかげ
が見きりをつけ、去る
み　　　　　　　さ

書きおきを残して
か　　　　　のこ
2コマジャンプ！

敵は本能寺にあり!!

えぇ〜!

声ちっさ

1582年
本能寺の変 信長を裏切る

今までだれにも言っていなかったことを告白せよ!

兵力差がありすぎた…

1571年
近江国(滋賀県)・坂本城の城主になる

滋賀県の位置を日本地図でさがそう!

この前のテストが悪かった理由を10字以内でのべよ!

同年
山崎の戦い 秀吉軍に敗れる

同年
織田信長の家臣となる

鼻歌を歌いながら3コマ進む

同年
落ち武者がりで死去

しょんぼり

1567年
足利義昭と織田信長との間をとりもつ

友だちどうしを紹介し、3人で遊ぼう!

とぼ

11日間の天下で

GOAL!

21

とりあえず**本能寺**行っとく？
ノープランでつき進んでしまった。

📗 本能寺の変
1582年、明智光秀は、1万の兵をひきいて、本能寺（京都府）にいた織田信長をおそった。信長は寺に火をはなち、自害した。

📗 秀吉
豊臣秀吉のこと。信長の重臣で、本能寺の変の後、山崎の戦いで光秀を破った。

📗 三日天下
本能寺の変が6月2日、その11日後の6月13日に、光秀は豊臣秀吉に敗れた。権力を保てたわずかな時間を象徴して、「三日天下」と言われた。

＜　明智光秀　📋 ∨

> **本能寺の変**で、信長を討ち、喜んだのもつかの間で…。

> 残念だったのは、**だれもわたしの味方をしてくれなかった**ことだ。

> たよりにしていた武将が、だれも来なかった？

うわ～ん

> その後、すぐに**秀吉**にやられちゃって。「**三日天下**」とか言われてツライ…。

➕ 😊 ▭ 送信

信長を暗殺すればなんとかなるでしょ、と思っていたんだけど…。秀吉が岡山から京都まで、2万以上の大軍をひきいて、10日間でもどってくるとは。さすがと言うべきなのかな。せっかく天下を取ったと思ったのに、兵力の差がありすぎた。んー、くやしい…。

mitsuhide

#中国大返し　#戦国時代では超スピード
#2万対1万　#戦力差

😊 いいね！ 0件　　😟 テキトウすぎ！ 19888件

😢 かなしいね 205件

しくじり
まとめ

物ごとは計画的に。
先々まで考えて行動を！

宿題をしなかったら…、もちろんおこられるよね。行動する前に、未来を想像するクセをつけよう。うらぎったら…と光秀も想像するべきだったんだ。

23

みんなのコメント

反逆者として超有名だけど、光秀って実はこんな人!!

▼信長に対するフクザツな思いがある様子…

「わしの酒が飲めんのか!」

とどなりつけるとムッとしていた

👤織田信長　→P12　あちゃー

・・・うるさい

わしの酒が飲めんのかぁ!!　オラァ

うたげの途中で光秀がこっそり出て行こうとしたので、信長がおこってどなりつけたそう。光秀は、このような信長からのあつかいがつみ重なって、ストレスがたまっていたといわれているよ。

💬 ずるがしこくて合理的。いつも信長にプレゼントをして、喜んでもらおうとしていました
👤ルイス・フロイス（宣教師）　あちゃー

💬 足利義昭との関係が悪化した信長を「理想の主君だ」と考えて、信長の家来にのりかえたと聞きます
👤家臣　あちゃー

▼親族や部下との結びつきは強かった

夫婦ラブラブ。側室をひとりも置きませんでした

👤 明智熙子（妻） いいね! 😊

戦国武将にはめずらしく、光秀は側室※を置かなかったんだ。貧しい時代は、熙子がかみの毛を売って家計を支えたそう。婚約中の病気で熙子の顔にできもののあとが残っても、光秀は変わらず愛したというよ。

愛しているのはお前だけさ

きゅん…

光秀さま!!

けがの具合はどうですか？心配で夜しか眠れません。

早く治りますように。光秀より

くぅ…

じ〜ん

戦でけがをしたときに、おみまいの手紙をいただいた。部下にそこまで気をつかう武将はなかなかいない

👤 家臣 いいね! 😊

▼こんな魅力ももっていたようで…

治水工事を行い、川のはんらんがなくなりました。感謝 👤 地元・丹波の領民 いいね! 😊

茶の湯や和歌などをたしなんでいて、立ち居ふるまいが美しいです 👤 家臣 いいね! 😊

これにておしまいじゃ！

※戦国武将には2人以上の妻がいた。正式な妻を「正室」、それ以外を「側室」という。

使うだけで武士の気分になれる！

かたじけない

【意味】
(自分には) ありがたい。感謝にたえない。おそれ多い。もったいない。

こんな言葉の代わりに使える！

●心から感謝

●恐縮だ

●私ごときにもったいない話

●はずかしい

●めんぼくない

●マジ、助かるわ！

など

御意（ぎょい）

【意味】目上の人のお考えやお心をしめす言葉。命令や同意の返事としても使われる。戦国武将や侍などにも使われていた表現。「御意！（はい！）」「御意のまま（お考えのまま）」などと使う。

ぎょい 御意！
お買い物行ってきて〜

ごはん作るの手伝って〜
ぎょい 御意！

ぎょい 御意！
おかわりたくさんしてー

はっ しまった、つい!!
勉強しっかりやってー
ぎょい 御意!!

こんな言葉の代わりに使える！

- ●おっしゃるとおりです
- ●そのお考えに同感
- ●言うとおりにするよ
- ●意義なし！
- ●気が合うね〜
- ●ラジャー！

など

徳川綱吉
とく がわ つな よし

生没年
1646 ～ 1709

江戸時代

なんとなくわかる！
人生すごろく
じん せい

START！

1646年
ねん
3代将軍・
だい しょうぐん
家光の四男
いえ みつ よん なん
として生まれる

元気いっぱい
げん き
1コマ進む
すす

忠孝をもて
ちゅうこう

不正は行うな
ふ せい おこな

1681年
ねん
天和の治
てん な ち
儒学を大切にして
じゅ がく たい せつ
よい政治を行う
せい じ おこな

1680年
ねん
江戸幕府の
え ど ばく ふ
5代将軍になる
だい しょうぐん

ラッキー！
2コマ進む
すす

お父さんのかたを
とう
もんであげよ！

28

しくじりでござる…

犬はもちろん、魚や虫も大切に…。いま思えば、やりすぎだったかな。

📖 生類憐みの令

生きものをむやみに殺してはいけない、という法律。特に、綱吉の干支である、犬を大切にさせた。人びとが守ろうとしないため、だんだんばつが厳しくなってしまったよ。

📗 生きものはみな大事

ハエや蚊、シラミなどの虫を殺すことや、生きた魚を売り買いすることも禁止したよ。ただ、それだけでなく、親に捨てられた子どもを見つけたら保護させるなど道徳的な面もあった。

徳川綱吉 📋 ∨

 犬が大好きなんですよね？

生類憐みの令のことか？
犬だけでなく、生きものは
みな大事だ！

 蚊が血をすおうとした
らどうするんですか？

？ さされたことがないな。

わたしが将軍ということを、
蚊も知っているんだろう。

 エッヘン

 ははは…

送信

tsunayoshi

もともとは、「戦国の世は終わった。みんな、人間的な気持ちをとり戻そう！」と、出した法律だ。「動物を大切に」という気持ちは、現代では当たり前の感覚なのでは？　まあ、魚つりをしただけで島流しになるなど、ばつが重すぎたかな、とは思うがな。

#犬ラブ♡　#いぬ年生まれ
#野犬のために巨大な犬小屋も作った

😰 **犬好きすぎ！** 34500件

😵 **たいへんすぎ** 1165件

しくじりまとめ

やりすぎは禁物！ほどほどがいちばん

よかれと思ってやっていることでも、極端すぎると、結局は続けられない。何事にも限度があり、ほどほどを知っているとうまくいくかもしれないぞ!?

みんなのコメント

犬を大切にした文化人 綱吉って実はこんな人!!

▼「生類憐みの令」への思い入れは、それは強いもので…

❝ カラスにふんを落とされて、綱吉様が激怒。でも、殺せないので島流しにしたんです ❞

👤 家臣　あちゃー

カラスはつかまえられたが、殺すことはできないので、かごに入れて島流しに。伊豆諸島の新島に送られたカラスは、かごから出されたとたん、江戸の方にとびさっていったといううわさもある。

❝ 遺言は、「生類憐みの令を続けよ」だった。でも、わたしが新しく将軍に就任して、10日で取りやめた ❞ 👤 江戸幕府6代将軍・家宣　ふーん

❝ 生類憐みの令によって犬を食べる人がいなくなった。今までは当たり前に食べていたんだが… ❞ 👤 町人　あちゃー

▼一方で学問を重んじ、武士にも儒学をすすめたりも…

〝湯島聖堂で、儒学を学ぶように言われた〟

👤 家臣 いいね！😊

「湯島聖堂」は、綱吉によって建てられた、孔子※1をまつるお堂。のちに「昌平坂学問所」となり、武士の勉強の場となったんだ。大学のはじまりの場所とされるよ。

朝廷から高い位をもらいました！！

おかあさんのために

ボクすごいでしょ！？

〝息子は「親を大事にする」という儒学の教えにならい、わたしに、朝廷からわざわざ高い位をもらってくれました〟

👤 桂昌院（母） いいね！😊

▼暴力がきらい！ 調和を重視する性格とも

〝町人に無礼を働かれたというだけで、切り捨てるような風潮がなくなった〟 👤 武士

〝将軍のもとで全国民がなかよく生活している〟 👤 ケンペル（ドイツ人の医師※2） いいね！😊

これにておしまいじゃ！

※1 中国の思想家、哲学者。「儒学」は、孔子の考えた思想を元にしている。
※2 オランダ船の医師。綱吉と会い、その様子を著書にまとめた。

歴史のうわさ まとめ
【迷信編】(ﾟДﾟIII)

今から考えるとありえないような迷信が信じられていた時代もあったんだ。昔の人は、それで災いを防ごうとしていたんだね。

古墳時代 @orehamujitsu
裁判のとき、熱湯に手を入れて、やけどしたら有罪。って、全員、有罪確定じゃん、涙。

一種の占いのようなもの。さっと入れるだけだったり、やけどしてないと言い張ったり、大変。

平成時代 @furogirai
あっ、オレもそうだ。

平安時代 @kizokuhafuben
お風呂に入っていい日はだいたい5日に1度。夏場も…。

江戸時代 @machibito

口笛吹いたら泥棒が来るぞ。
仲間だと思われるらしい。こわっ！

泥棒は口笛を吹いて、仲間同士で合図をしていたそう。奉行所で口笛を吹いたら、やってくることもあったりして。

平安時代 @kazehiki-ohji

くしゃみ出るのって悪いことが起きる前ぶれなんだ!?　昨日からくしゃみばかりしてるけど…、悪いことってかぜだけじゃないってことか!?

古墳時代 @komegasuki

あ!?　マグロ。食べたことある…。

江戸時代
@sakanazuki

マグロは不吉だから食べない。

マグロは「シビ」と呼ばれており、「死日」と通じることから不吉とされていたんだよ。鮮度が落ちやすいなどの理由で、人気もなかったんだ。

開国をうったえた江戸幕府の大老

井伊直弼
いい　なお　すけ

生没年
1815
～
1860

江戸時代

なんとなくわかる！
人生すごろく

START!

一期一会

1815年
彦根藩主の
14番目の子
として生まれる

自分に13人の兄がいた
として、その名前を考えよ！

32歳まで
ひたすら
勉強にうちこむ

勉強につかれて(?)
1回休み

1858年
江戸幕府の
大老になる

うれしくなって4つ進む

同年
アメリカのハリスと
日米修好通商条約
を結ぶ

ジャンプして
驚きを表せ！

えっ
ほんとに
結んじゃったの!?

仕方
ないか…

同年
安政の大獄
自分に反対する
人びとをとりしまる

ちょっと
つかれて
5つもどる

1856年
アメリカの**ハリス**が来日。
日本と条約を結ぼうとする

自分の名前を英語で言おう！
（ヒント：マイ・ネーム・イズ・ナオスケ）

1860年
桜田門外の変
水戸藩浪士らによる暗殺

1850年
彦根藩主
となり、名君と
よばれる

クラスで困っ
ている子が
いたら助けて
あげよう！

うらまれて
殺される

GOAL!

37

国のためを思ってとはいえ、反対派を弾圧しすぎたようだ…。

一期一会

井伊直弼

安政の大獄での、厳しい処ばつで有名になりましたね。

幕府の威厳をしめしたのだ。

ちょっと厳しすぎたと思いませんか？

条約を結ばなかったら、日本とアメリカが戦争になったかもしれないんだぞ！

あわわ…

そうしたら、日本はきっと負けていただろう…。

送信

📕 安政の大獄
井伊直弼が、幕府に反対する人びとを弾圧したこと。長州藩士・吉田松陰をはじめとする、反対派の大勢が処ばつ・処刑されたんだ。厳しい対応に、反感をもった人も多かった。

📗 日本はきっと負けていた
直弼は、江戸時代の日本と、近代化されたアメリカとの武力の差をわかっていた。そのため、アメリカと戦争になると確実に負けてしまうと思い、要求通りに条約を結ぶことを決めたんだ。

naosuke

攘夷※派は、外国勢力を追いはらえ、と言っているだけで、その後をまったく考えていないのじゃ。そんなわからず屋は、つかまえて処ばつするのみ！　とりあえず、あやしいやつは手当たりしだいにばっしたが…。まさか暗殺されるとは、わしもやりすぎたか。

#安政の大獄　#あやしいやつは処刑
#桜田門外の変　#想定外

😊 いいね！ 0件　　😟 厳しすぎ！ 24500件

※外国人を追いはらい、国内に入れないようにする考え方。

しくじりまとめ

力でおさえこむと、力で返ってくる。

問題を力で解決しようとすると、力でやり返される。自分の意見を通したいなら、まずは、まわりと話し合って、わかってもらうようにしよう。

みんなのコメント

こわくて近よりがたい!? 直弼って実はこんな人!!

▼決めたら実行！ **決断力**がすごい！

"**先代の残したお金のほとんどを家来や領民に分けあたえました**" 👤 **家臣** いいね! 😊

みんなに配るように

ピカー

良い！さすが直弼様だ！

わーまじで

直弼が彦根藩主になって最初にしたことは、先代の残したお金を、彦根藩に住む人や家来に分けあたえることだったんだって。その額は、藩の1年間の収入と同じくらいだったというからすごいね。

▼でも、そんな決断力が、時にはこんなことに…

"天皇の許可なしに、日米修好通商条約に調印したのです" 👤 **ほかの老中** あちゃー

"「安政の大獄」では、100名以上を処ばつ。"井伊の赤鬼"と呼ばれた" 👤 **ほかの老中** あちゃー

▼一方で、若いころから**努力家＆勉強家**、しゅみも多彩

"32歳まで仕事をもたず、世捨て人としてくらしていたようです"

👤 家臣 あちゃー

直弼は14男だったので、本来は藩主になれなかった。そのため、「埋木舎」（自分を花のさくことのないうもれ木に例えた）と名づけた家で、ひたすら勉強に打ちこんでいたんだ。

一期一会
これはすべて
キリッ
じゃよ
シャカ シャカ

"茶道のうでもプロなみ。マイ茶道具を持っていました。「一期一会※」ということばを広めました"

👤 家臣 いいね！

"千首以上の自作の歌をおさめた、マイ和歌集を作りました" 👤 家臣 いいね！

"禅の修行で、「さとりをえた」（世の真理をつかんだ）と認められました" 👤 家臣 いいね！

※いつも一生に一度の出会いと思って、茶会にのぞむこと。その心がまえ。

これにておしまいじゃ！

時代別ファッションカタログ

縄文時代

貫頭衣

縄文人クリーチャー

■布に穴をあけて頭からかぶって着る。■裁縫が苦手でもスピーディに作れる?!

3400

奈良時代

通肩

大仏クリーチャー

■両肩をおおって布をまきつける。■座った状態で着用する?!

4500

平安時代

十二単

紫式部クリーチャー

■長袴に複数の衣を重ねて着る。■冬は防寒対策としても有効?!

5700

鎌倉時代

大鎧

頼朝クリーチャー

■馬上で弓を射る騎射戦をするときに着用。■武将コスプレとしても大人気?!

8700

★注意★ ここで紹介したファッションで外出した場合、親におこられないか、しっかり

各時代に出てくる
さまざまなファッションを集めてみたよ。
左下は見た目のインパクト数値。
さっそくチェックしてみよう！

室町
時代

忍装束

隠密
クリーチャー

■ダッシュしても風圧を受けにくいデザイン。■闇にまぎれやすい藍色や茶色がおしゃれ?!

7900

安土桃山
時代

南蛮服

天草四郎
クリーチャー

■ひだ入りのえりにケープ、太いパンツ姿。■海外に行きたくなる?!

6800

江戸
時代

褌

飛脚
クリーチャー

■布を折ったりねじったりして着用する下着。■動きやすいので作業着としても重宝?!

9400

昭和
時代

ボディコン

バブリー
クリーチャー

■ボディラインを強調したピタッとした服。■ダンスをおどると、より気分がアガる?!

4200

考えましょう。　　　※ほかの時代でも着ている場合もあります。

大政奉還した、江戸幕府最後の将軍

徳川慶喜
（とくがわよしのぶ）

生没年
**1837
～
1913**

江戸～大正
時代

なんとなくわかる！
人生すごろく
START！

1837年
水戸藩主・徳川斉昭
の子として生まれる

幼いころから秀才と
言われ4コマすすむ

1858年
日米修好通商条約
に反対。
井伊直弼と対立

きんしん処分を
受け1回休み

1866年
徳川15代将軍
になって
改革に取り組む

いま改革したいことは？
（例：おやつを1日1回から
3回にふやす）

1868年 鳥羽伏見の戦い※
旧幕府軍VS新政府軍の
戦いで敗れる

※戊辰戦争の始まりとなった戦い。

ひと足先に退却！3コマもどる

同年
江戸城無血開城
勝海舟と西郷隆盛が交渉

交渉成立！ 2コマ進む

同年
王政復古の大号令
官職と領地を取りあげられる

期待はずれでがっかり、
2コマもどる

1869年
引退して、
写真や
狩りょうなど、
しゅみに
熱中

1867年 大政奉還
政権を朝廷に返す

かりっぱなしのものが
あったら、今すぐ返そう！

政治の実権を
天皇に返します!!

76歳まで
長生きして

GOAL!

大政奉還すれば、新政府のメンバーになれますよね・・・。って、あまかった。

大政奉還
江戸幕府の権力を朝廷に返すこと。それでも慶喜は、徳川家の元将軍として新政府で力をふるえると考えていたんだ。しかし、その後の「王政復古の大号令」で、官職や領地もとり上げられ、すべての力を失ってしまったよ。

戊辰戦争
大政奉還の後に起こった、旧幕府軍と新政府軍の戦い（鳥羽伏見の戦い）。薩摩藩を討つために幕府が出兵したことがきっかけだけど、結果は幕府の敗戦。慶喜は逃亡し、江戸城をあけわたしたんだ（江戸城無血開城）。

徳川慶喜

大政奉還すれば、すべてうまくいくと思った？

 そうだね。薩摩と長州との、全面対決もさけられたし。

でもその後、戊辰戦争が起きちゃいましたね…。

 うっかり薩摩藩の挑発にのってしまったんだ…！

  くやしい

ただ、すぐ逃亡したので、戦争が長びかずにすみました。

 ぼくは戦争がきらいだから。

とはいえ、結局、新政府には入れませんでしたね。

 ・・・。

送信

46

yoshinobu

まだ、このときは幕府のほうが軍事力は優勢だったんだが、大政奉還を行って、平和のうちに朝廷に政権を返せば、新政府の中でも、元将軍として活やくできるかと先を読んだつもりだった…。新政府のメンバーにもなれないとは、予想外だったね。

#大政奉還　#王政復古の大号令
#予想外　#戊辰戦争　#結局、戦うはめに

😰 **前向きすぎ！** 33000件

😫 **かなしいね** 105件

しくじり まとめ

うまくいかなかったら 次へと心を切りかえよう！

自分ではベストをつくしたつもりでも、思い通りにいかないこともあるというもの。うまくいかなくてもクヨクヨせず、次に向かう努力をしよう。

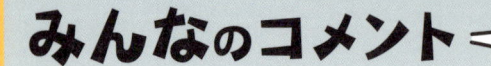

みんなのコメント

江戸幕府を終わらせただけ？慶喜って実はこんな人？

▼幕府のトップとしては、やや無責任!? と思われていたようで

" 戊辰戦争では、艦長のわたしが戻ると、軍艦がなくなっていてびっくり。ひとりで江戸に帰られていた "

👤 榎本武揚（幕臣） あちゃー

戊辰戦争の始まりである鳥羽伏見の戦い →P46 で、幕府軍が総くずれになると、慶喜は戦っている軍隊はそのままに、自分だけ大坂[※1]から江戸にのがれてしまう。江戸に帰ると寛永寺[※2]にきんしんし、朝廷の意見を待った。

" 戊辰戦争で、慶喜公が逃げ出した大坂城には、武器や文化財、幕府のお金などもそのまま放置されてました "

👤 榎本武揚（幕臣） あちゃー

※1 現在の大阪府のこと。 ※2 東京都の上野にある徳川家のお寺。

▼あたらしもの好きで、しゅみが多い面も…

フランスの皇帝・ナポレオン
からおくられた
軍服を着て、記念撮影しました

👤 家臣　いいね! 😊

慶喜の時代、江戸幕府はフランスから、えん助を受けていた。そのためか、慶喜はフランスが好き。フランス語を学び、フランス料理を食べるのが好きだったみたい。ぶた肉も好きで食の好みはまるで外国人?

❝引たい後は、写真に狩りょう、つりに囲碁と、しゅみの生活を送り、楽しくくらしました❞ 👤 家臣　いいね! 😊

▼さらに、努力家という面もあったようです。

❝ねぞうが悪かったため、まくらの両わきにかみそりを立てて直したのだ❞ 徳川斉昭
（水戸藩主、慶喜の父）　いいね! 😊

これにておしまいじゃ!

❝手裏剣と弓道の練習を、毎日かかさず行っていました❞ 👤 家臣　いいね! 😊

1代目が優秀すぎ!?

残念な2代目 ランキング

こんなかんじでどう？

1 源頼家（みなもとのよりいえ） 父：源頼朝（ちちみなもとのよりとも）

残念度 ★★★★★ **5.0**

家来の気持ちがわからない…。
領土争いを筆一本で解決する適当さ。

> 家来の言い分を聞かず、地図に筆で一本線を引き、適当に土地の境目を決めた。by家来

2 徳川秀忠（とくがわひでただ）

父：徳川家康（ちちとくがわいえやす）

残念度 ★★★★⯪ **4.5**

超重要な「関ヶ原の戦い」に大遅刻！
責任ある役割に緊張した…？

> その前の真田軍※との戦いを長引かせすぎて、着いたら戦が終わっていたのです。by家来

※ 真田昌幸・幸村父子のこと。（さなだまさゆき・ゆきむらふし）

3 武田勝頼（たけだかつより）

父：武田信玄（ちちたけだしんげん）

残念度 ★★★★ **4.0**

「長篠の戦い」で大敗。
父から戦のセンスは受けつげず。

> 織田信長との戦で無理をして、信玄様が育てた最強の騎馬隊はかいめつ状態に。by家来

現代に生まれてよかった…

こんな 法律はイヤだ！ ランキング

1 生類憐みの令 【出した人】徳川綱吉（江戸幕府5代将軍）

イヤ度 ★★★★★ 5.0

犬やネコはもちろん、鳥に魚、
ハエや蚊も殺したらダメ！

> 蚊がとまっても、たたかずに追い払え
> だって…。もう、刺され放題だよ。by民衆

2 防人制度

【出した人】天智天皇（飛鳥時代）

イヤ度 ★★★★★ 4.8

九州へ行って日本を守れ！
給料なし！ 交通費も自腹！

> 唐（中国）に攻められないように九州の防備を命令された。3年間地元に戻れない。by民衆

3 慶安の御触書 ※

【出した人】徳川家光（江戸幕府3代将軍）

イヤ度 ★★★★☆ 4.5

一日中仕事をしろ！
米は食べるな！ お酒も飲むな！

> 朝から夕まで畑仕事、夜は縄をなうなど一日中働き…、なのに米を食べるなって！ by農民

※作られはしたものの、世の中には出ていない法律という説が有力。

大成功をおさめるために必要な能力。
彼らに足りなかったものとはいったい!?

さねとも
歌います♪

源実朝

ねえねえ
銀閣
見た〜?

足利義政

秀吉様命

石田三成

蘇我入鹿

なんとなくわかる！人生すごろく

START!

？年
蘇我蝦夷の息子として生まれる

誕生日ケーキを
ねだって1回休み

青年期
僧・旻のもとで
学び、優秀な
成績をおさめる

ほめられて
2コマ進む

643年
父・蝦夷から
大臣の位を
ゆずられる

むらさきの
食べものを
10こ言え！

答え：聖徳太子（厩戸皇子）の息子。

みかどだ!!

644年
立派な屋敷を建て、
「みかど※」と呼ぶ

自分の家を
「みかど」と呼んでみよ!

豪族たちを屋しきに集め
朝廷とはりあおうと
味方につける

イルカ
はいるか？

「イルカはいるか？」
のギャグで、友だち
を笑わせよ!

朝廷で力をふるい、
人びとをおそれさせる

うっかりひるねして
2コマもどる

オレに逆らうヤツはこうだ!!

ひゃはははははは

同年
対立した山背大兄王
を攻めほろぼす

山背大兄王はだれの子ど
もか答えよ!（答えは欄外）

645年
中大兄皇子と
中臣鎌足により
暗殺される

だまされて殺される
GOAL!

※「みかど」は天皇や天皇の住むところという意味。天皇としてふるまおうとしているよう。

55

わたしが**りっぱすぎて**、**ねたまれた**のか？ まいったな。

蘇我入鹿

権力者として力を発揮するところだったのに…。

中大兄皇子の計画で、殺されてしまったのだ。

山背大兄王を殺してしまったからでは？

やりすぎだと、父の蝦夷にもおこられたよ…。

はんせい♪

今では「大化の改新」の悪役として有名に…。トホホ。

送信

中大兄皇子の計画
朝廷での行事の最中、蘇我入鹿が油断したところを、中大兄皇子が切りつけて殺害したんだ。

山背大兄王
聖徳太子の子どもで、蘇我入鹿のいとこ。天皇のあとつぎをめぐって対立、入鹿は山背大兄王をおそって自害させたんだ。

大化の改新
入鹿を暗殺した後、中大兄皇子と中臣鎌足が政治の中心となり、次つぎに行っていった政治改革のこと。

iruka

たしかに、蘇我氏で政治をひとりじめしようとしていたことは認めよう。調子にのっていたかもしれない。ただ、わたしは政治のうでもたしかだった。殺されたのは、すべてを持つわたしに対する、中大兄皇子たちのねたみもあったのかな～、なんて…。

#蘇我氏バンザイ　#やりすぎた
#中大兄皇子　#中臣鎌足　#中×中コンビ

😊 いいね！ 0件　　😣 ひどいね 1565件

😑 うぬぼれすぎ！ 18500件

しくじり
まとめ

人よりすぐれているほど、まわりを大事にしよう。

勉強ができる、スポーツができる、と何か人よりすぐれている部分を鼻にかけていると、ひとりぼっちになるぞ。まわりの人を大切にすれば、自分も大切にしてもらえるよ。

57

みんなのコメント

ただのおぼっちゃま？
入鹿って実はこんな人!!

▼強気な性格で知れわたっていたそうで…

" 入鹿に見つかったら、
何をされるかわからない "

👤 どろぼう　あちゃー

入鹿は大臣になる前からも政治に口をはさみ、強気な性格で知られていたんだ。力をふるっていたときは、みんなが入鹿をこわがり、落としものをぬすむ人もいなくなったらしいよ。

" 権力争いにじゃまだったからと、
山背大兄王を殺すとは…。
お前の命もあぶないぞ "　👤 蘇我蝦夷（父）　あちゃー

" 本当は朝廷で行うはずの行事を、
自分の家で堂どうと行う大たんさでした "
👤 家来　あちゃー

▼勉強ができて、とても優秀だったのも事実

" わたしのもとに通っていた生徒の中で、
いつも**トップの成績**でした "

👤 旻（僧、入鹿の先生） いいね! 😊

隋（中国）で学んだこともある僧・旻が開いた塾の中でも、入鹿は特に成績がよかったんだ。旻が、中臣鎌足に「塾の中で一番優秀なのは入鹿です」と語ったと伝えられているよ。

" 外国のことを
よく知っていて、
交流がさかんでした "

👤 渡来人 いいね! 😊

▼でも結局…はで好き＆アピール好き！

" 天皇の住む宮殿をおかの上から
見下ろすような場所に、ご自身のりっぱな
屋しきを建てたんです " 👤 家来 あちゃー😵

" 蘇我氏の先祖のためにお堂を建て、
その前で、64人ほどのおどり子に
美しい舞をまわせました " 👤 家来 あちゃー😵

これにて
おしまい
じゃ！

言いかえ辞典

「歴史に出てくる用語は漢字が多くてイヤ」、ならば難しい用語を現代風に言いかえてみよう。内容がわかりやすくなるはずだよ！

古墳時代

歴史用語		いまどき語
古墳	➡	えらい人のどでかい墓
埴輪	➡	墓用トッピングドール

飛鳥時代

歴史用語		いまどき語
大化の改新	➡	皇子&鎌足がコラボした蘇我氏やっつけ大作戦
遣隋使・遣唐使	➡	中国の政治や文化を学ぶ留学生

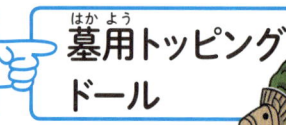

★注意★

●用語は、ほかの時代でも使われている場合があります。テストで言いかえた「いまどき語」を書く場合、不正解になるだけでなく、先生から「ふざけるな！」と注意されるおそれがあるため、よく考えてから書きましょう。

歴史用語	いまどき語
校倉造り	高床式宝物入れ
木簡	メモ用の木ぎれ
飢饉	食べるものがない日々

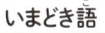

平安時代

歴史用語	いまどき語
かな文字	漢字をゆる～くした文字
検非違使	裁判もできる警察
蔵人	ナイショの文書をあつかう天皇の秘書
密教	祈りをとくに大切にした仏教

「新皇」を名のった東国の武士

平将門
（たいらのまさかど）

生没年
**9世紀末？
〜
940**

平安時代

なんとなくわかる！
人生すごろく
START！

9世紀終わり？
桓武天皇を
先祖として、
下総国（茨城県・
千葉県）に生まれる

あなたの
ひいひいひい
おじいちゃんは
天皇なのよ

ひいひいひい
おじいちゃんは、
おじいちゃんの
何？（答えは欄外）

青年期
京都で摂政・
藤原忠平
に仕える

思ったより仕事がなくて
２コマもどる

30歳ごろ
父のあとを
つぐため
関東に帰る

自然の中で
心が安らぎ
３コマ進む

答え：ひいおじいちゃん

939年
国司の対応に不満を
持ち、役所をおそう

安心して
ひるねして、
1回休み

いえーい

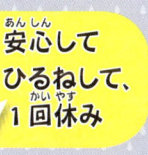

関東

同年
「新皇」
を名のり、
関東の大部分を占領

将門
マジ
スゲー

快挙!!
週刊
平安

「関東」の都名、県名が全部言
えたら3コマ進む（答えは欄外に）

936年ごろ
京都まで、
将門の強さが
知れわたる

クラスで注
目されよう!
（授業中のオ
ナラでも可）

940年
平貞盛・
藤原秀郷の
軍に敗れる

はぁーーー?!

くにか

くにか
国香のもの

935年
領土争いで、
おじ・平国香を
攻めほろぼす

国香の国

流れ矢が※
命中して
GOAL!

おやつを分けるときは
なかよく半分にせよ!

※流れ矢はこめかみに命中したという説もある。

答え：東京都、神奈川県、埼玉県、千葉県、茨城県、栃木県、群馬県

63

まわりに持ち上げられて、「いける！」とかんちがいしたんだ。

 新皇
新しい天皇という意味。将門は新皇と名のって、関東を朝廷から独立させる、と宣言したよ。下総国石井（茨城県）を都と決めたり、自分で作った政府の役人を任命したりもしたんだ。

八幡大菩薩
将門が上野国（群馬県）を占領したとき。ひとりの女性がとりつかれたような状態になり、「わたしは八幡大菩薩の使いである。天皇の位を将門に与える」と言ったとされているんだ。

平将門

新皇と名のってたんだって？　そんなに自信があったの？

 いやいや、そこまでおごってはいないよ！

なんでも、神様のおつげがあったとか…。

 そうそう！ 八幡大菩薩のおつげがあったのだ！

 じーーっ

 昔から、人のたのみを断れないタチでな。

  フッ…キ

送信

masakado

戦がすごく強いことで有名なオレ。まわりからの期待も大きく、「意外とオレいけるじゃん？」という気持ちになっていたのだ。ところが最後は、関東の武士・藤原秀郷に倒されるという結果になってしまった。結局、自分の地元の人間にやられるとは、うかつ…。

#オレ？　#オレが新皇？
#照れるな〜(〃▽〃)ﾎﾟｯ

😰 **ゆるすぎ！** 25025件

😑 **オレさま何さま** 679件

熱しすぎに注意！
冷静さも失わないように。

自分だけがもり上がる、熱するなどで、まわりを見ていないと、足元に思わぬ落としあながあるかも。うまくいっていても、立ちどまって冷静な目と心で物事を見よう。

みんなのコメント

武士? 新皇? そして神様!? 将門って実はこんな人!!

▼根に持つタイプ? 将門にまつわる**たたり話**がちらほら…

"殺された将門の首は、
何日たっても目を見開き、毎夜さけんでいた"

👤 都の貴族 ひえ〜

将門の首は、毎晩のように「オレに体があれば、もう一度戦ってみせる」とさけんだという。たたりがつづいたため、首塚が作られ、のちに神としてまつられた。東京・神田明神は、将門をまつる神社。

"大正時代、首塚がこわれた。
その後、すぐ近くにあった
大蔵省の役人が次つぎに死んでしまい、
あわてて塚をたて直した"

👤 大蔵省(現・財務省)の役人 ひえ〜

▼頼りにされるのが好きだと思われる証言も多い

"地元の争いには、積極的にかかわる親分はだ" 👤家来 いいね！😊

東国（関東）をまとめる長として、国司（朝廷から派けんされた役人）と豪族（その土地に長く住み、強い勢力をはる一族）との争いにも、自分から関わった。謀反も、国司とのいざこざがきっかけ。

オレにまかせろ

ベーッ ムカー

仕方のないヤツらよ

"戦いの時は、いつも先頭に立って戦いました" 👤家来 いいね！😊

"税のことで国司ともめたので、かくまってくれとたのんだら、気軽にひきうけてくれた。単純な男じゃ" 👤藤原玄明（豪族）いいね！😊

これにておしまいじゃ！

▼都へのあこがれ！ そぼくでピュアな面も…

仕官したいんですぅ。

うーりん無理

"官位がほしいとわしに仕えていたことも。しかし、やる気だけで官位はもらえないのじゃ〜" 👤藤原忠平（摂政）いいね！😊

年代暗記 ゴロかるた

645年、中大兄皇子と中臣鎌足が蘇我入鹿を暗殺し、その後、かずかずの政治的な改革を行ったんだ。

おぼえにくい年号は、
インパクトばつぐんの
ゴロ合わせでおぼえちゃおう！

飛鳥時代

無6
事故の世界に
大化の政新
4 5
645年

奈良時代

な7
にさま？
三世一身法
2 3
723年

723年、自分で切り開いた土地は、孫の世代（3世代）まで所有できるという法律が出されたよ。

平安時代

ぐ9
さっ「ごめん！」
桜門おならで
反乱おこす
〈平将門の乱〉
3 5
935年

935年、平将門の乱。東国の武士・平将門が、関東の大部分を支配したが、鎮圧されたんだ。

1
5
7
3

以後、なみだの室町幕府

《室町幕府滅亡》

1573年

1573年、室町幕府が滅亡した。織田信長が、将軍・足利義昭を京都から追放して、室町幕府を滅ぼしたんだ。

1
5
8
2

イチゴパンツの織田信長

《本能寺の変》

1582年

1
6
0
0

ヒーローワーワー関ヶ原

われこそは！

いいや、われこそは！！

1600年

1600年、関ヶ原の戦い。全国の大名が、石田三成の西軍と、徳川家康の東軍に分かれて争ったよ。

1582年、本能寺の変。本能寺にいた織田信長を、家臣・明智光秀がうらぎって襲撃。信長は自害したんだ。

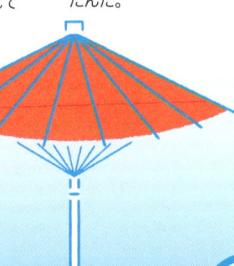

69

みなもと の さね とも
源 実 朝

生没年
**1192
～
1219**

鎌倉時代

なんとなくわかる！
人生すごろく

START!

1192年
源頼朝の四男
として生まれる

お父さんになって
ほしい、歴史上の人
物をひとり選べ！

1203年
兄・源頼家が
病気を理由に
将軍を引退

おみまいに行くため
２コマもどる

同年
鎌倉幕府の
３代将軍になる

学級委員に立こうほせよ！
（びみょうならほかの委員でも可）

後鳥羽上皇と手紙で親しくやりとり

お母さんへのお願いごとを、手紙にしたためよ！

和歌にうちこみ、政治がおろそかに

和歌を思いつかず1回休み

1218年
右大臣に任命されて、大喜び

「やった！」と、3回ジャンプせよ！

1204年
京都から妻をむかえて、後鳥羽上皇と親せきに

今度Wデートしましょう♡

お兄さんになってほしい、歴史上の人物をひとり選べ！

1219年
おいの公暁により暗殺される

喜びもつかの間

GOAL！

3だいしょうぐんさねともです！

和歌をよむのに夢中で、政治がそっちのけに。

公家に生まれたかったのかも。

百人一首
100人の歌人の和歌を、ひとり一首ずつ選んでまとめたもの。「鎌倉右大臣」として、実朝も選ばれているんだ。→P75

右大臣
朝廷の官位のひとつで、朝廷でベスト3に入るくらいえらい役職だよ。

右大臣になったばかりで暗殺
実朝が右大臣に任命され、それを祝う儀式が、鎌倉・鶴岡八幡宮で行われた。ところが、その最中、兄・源頼家の子、公暁によって、実朝は暗殺されてしまったんだよ。

源実朝

和歌がおとくいなんですね！

百人一首にもえらばれたよ。

実朝さんの名前はないようですが…。

歌人としてのぼくの名前は、「鎌倉右大臣」さ！

右大臣になったばかりで、暗殺されましたね…。

なんでなんで、人の傷口えぐるのかなー!!

ひどぉぃ…!!

送信

sanetomo

和歌が大好きなぼく。とってもなかよしだった後鳥羽上皇とたびたび和歌のやりとりをしては、うでをみがいていたよ。まわりの家来はそんな様子がいやになって、公暁に暗殺をそそのかしたのかい!? まあ、ぼくは政治に向いてなかったってことで。

#鎌倉右大臣　#和歌が好き
#後鳥羽上皇　#文学青年

😨 **ゆるすぎ！** 34450件

🙂 **のんきだね** 4567件　　😰 **びっくり** 345件

しくじり まとめ

あそびと勉強の バランスをとろう！

まずは将軍として、政治を行うことを第一に考えるべきだったよね。あそびを通して自分をみがくのもいいけれど、自分の責任を果たすことも大事なんだよ。

73

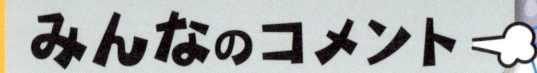

みんなのコメント

かざりものの将軍？
実朝って実はこんな人!!

▼現実ばなれした行動に、家来の心がはなれる…

" **宋（中国）にわたろう**
と計画。船を作りましたが、
大きすぎて海にうかびませんでした "

👤 **家来** あちゃー

武家らしくない行動に、まわりの反感が高まっていった時期。実朝は宋（中国）にわたろうと計画するんだけど、船が大きすぎて、砂浜から動かせず、実現しなかったんだ。現実から逃げたかったのかも。

" 後鳥羽上皇に、武士のトップとしては
必要のない高い位や官職をくれるよう、
お願いしていました " 👤 **家来** あちゃー

" 殺さなければやられる、が常識の時代に
謀反をくわだてた者を殺したところ、実朝様に
「生けどりにするべきだった」としかられた "
👤 **長沼宗政（家来）** あちゃー

▼和歌に関しては、本当に勉強熱心だったよう

❝「新古今和歌集」を参考に、とても熱心に
勉強していました❞ 👤藤原定家（公家・歌人）いいね！😊

武家のトップのはずなのに、京の文化に
あこがれる文学青年。和歌に熱中し、歌
人として知られる藤原定家にも教えを受
けた。自分で「金槐和歌集」という歌集も
出し、663首の歌がおさめられている。

❝百人一首にも選ばれた

「世の中は 常にもがもな 渚こぐ
あまの小舟の綱手かなしも※」

からもわかるように、
おおらかで素直な
歌風が特ちょうです❞

👤家来 いいね！😊

※この世がずっと
変わらなければよいのに。
波打ちぎわをこぐ漁師の
小舟が引き綱を
引いていく様子に、
しみじみと心が
動かされる という意味。

これにて
おしまい
じゃ！

▼また、優しい夫として、夫婦仲はよかったそう

❝京都からとついだわたしにもよくしてくださ
いました。いっしょにお寺にお参りしたり、
仲よくくらしました❞ 👤本覚尼（妻）いいね！😊

本業は大丈夫なの？

しゅみ多すぎ!? ランキング

1 足利義政 （室町幕府 8代将軍）

いい仕事してますね〜

多すぎ度 ★★★★★ 5.0

しゅみに生きるため将軍をやめ、日本独自の文化を極める。

隠居後は生け花や和歌、能などしゅみに没頭する生活を送られました。by家来

2 徳川慶喜

（江戸幕府15代将軍）

多すぎ度 ★★★★☆ 4.5

将軍を引退後は、しゅみが人生?! 写真に油絵、狩りょうなど多彩。

しゅみにお金を使い、元家臣たちが貧しい生活をしていても、あまり気にされず。by家臣

3 伊達政宗

（戦国武将）

多すぎ度 ★★★★ 4.0

料理にファッション、能鑑賞…。戦国武将一のしゅみ人。

ご自分で台所に立ち、料理を作ってお客をもてなしました。料理人も形なしです。by家来

※編集部オリジナルランキングです。

敵も味方もたいへん!?
出勤が面倒?そうな城 ランキング

① 竹田城 （兵庫県）山城※タイプ

面倒そう度 ★★★★★ **5.0**

まるで雲の上!?
切り立った崖の上の城。

※ 山の上に築かれた城。

> 山を天然の要さいとして活用。早朝はきりがたちこめ、遭難の危険も感じたよ。by兵士

② 鬼ノ城 （岡山県）山城タイプ

面倒そう度 ★★★★ **4.0**

鬼が住んでいた!?
急な斜面を登って山頂へ。

> 標高400mほどの山の頂にあり、鬼が住んでいたというウワサも。鬼もたいへんじゃ。by兵士

③ 江戸城 （東京都）平城※タイプ

面倒そう度 ★★★★ **3.8**

敷地は東京ドーム25個分くらい!
門をくぐると徒歩で登城。

※ 平地に建てられた城。

> 城に入る門の前で馬やかごをおり、そこから城まで歩いて行かねばならん…。by大名

室町幕府の力を弱めた将軍

足利義政

生没年
1436〜1490

室町時代

なんとなくわかる！人生すごろく
START!

1449年
15歳で、
室町幕府・8代将軍になる

やる気に満ちて4コマ進む

1455年
貴族出身の
日野富子と結婚

うれしくなって3コマ進む

あとつぎにならない？しょうぐんだの将軍楽しいよー

1464年
弟・**足利義視**をあとつぎにする

将来の夢をノートに書け！

ぎんかくじ！

今、何時？

1477年
11年間つづいた
応仁の乱が終わる

散らかった
部屋を
片づけて
1回休み

1467年
あとつぎ争いをきっかけに、
応仁の乱
が始まる

バチバチ

「応仁の乱」
がどこで
起こった
か言え！
（答えは欄外に）

1482年
東山に山荘
（**銀閣**）を
建てはじめる

「今何時？」「銀閣寺※（じ）！」の
ギャグで、10人を笑わせよ！

※銀閣寺と呼ばれるように
なったのは、江戸時代に
なってからといわれる。

1490年
銀閣の完成を
心待ちにするが…

ピカーッ

1465年
妻・富子との間に子・
足利義尚が生まれる

次の誕生日に
何がほしいか
考えよ！

でんでん

ガーン

病に倒れ死去
GOAL!

答え：室町幕府があった京都。

口出しする人が多すぎて、やる気がなくなったのじゃ。

応仁の乱
義政の子・義尚と、弟・義視の間で起こった、将軍のあとつぎ争いだ。義尚は大名の山名氏を、義視は細川氏をたより、さらにそれに守護大名たちが加わるなど、混乱が長引いたんだよ。戦は11年つづき、京都は焼け野原になってしまったんだ。

銀閣
義政が、京都郊外の東山につくった山荘だ。一階が書院造で、二階が禅宗の建築様式というこだわりの建物。書院造は現代の和風建築に受けつがれている。義政は銀閣の完成を待ちのぞみながら亡くなったというよ。

足利義政

もっとやる気出してください！

家臣たちが思うようにさせてくれないのじゃ。

応仁の乱を止めなかったのは？

家臣たちが勝手に始めたことじゃ。

えーっ!!

わしは銀閣が作れれば、それでよい！

ぷぅ〜

送信

yoshimasa

え？　屋しきのとなりの寺が燃えてる？　知らん、知らん！　応仁の乱など知ったことか。わしは酒を飲むのにいそがしいのだ！　15歳から将軍だと、思いどおりにいかないことばかりとさとってしまって、世の中のことなどどうでもよくなる。あー、早く引退したい。

#応仁の乱　#京都　#焼け野原
#引退したい　#銀閣寺　#インスタ映えする!?

😊 いいね！ 0件　　😢 かなしいね 44650件
😑 やけくそだね 44670件

しくじり
まとめ

役目を引き受けた以上、やりとげる努力をしよう。

何かをたのまれたら、最後まで責任を持ってやりとげよう。できないときは、だれかに協力してもらうなど、なしとげようと努力をしてこそ、結果はついてくるんだよ。

みんなのコメント

やる気のないダメ将軍？
義政って実はこんな人‼

▼流されやすく、決められない…

" 将軍なのに、**あとつぎも決められない** "

👤 **日野富子（妻）** あちゃー

わたしは反対です‼

あなた、次の将軍は義尚に してください

そういっても弟にたのんでしまったしなぁ

あとつぎ、むずかしさ、 息子の義尚に してください

まあまあ考えておくよ

お茶会クラブ

くどくど

くどくど

義政はもともと、弟・義視をあとつぎに指名していたんだ。でも、その後に自分の息子が生まれ、あとつぎをどちらにするか決められなくなってしまった。この迷いが、応仁の乱のきっかけになったんだ。

" 将軍になったころから、実際の政治を動かしていたのは管領※たち。義政様は、「あいわかった」と返事するのみ "

👤 **家来** あちゃー

じぃ…

※将軍の政治をサポートする役割の大名。

▼政治のセンスはなかったが、芸術的なセンスはばつぐん！

"身分に関係なく、庭づくりの能力をほめていただきました"

👤 善阿弥（庭師） いいね！😊

芸術的な能力を重視して、身分の低い善阿弥にも、ていねいに接したというよ。京都・東山に銀閣 →P80 を建てて芸術家をまねき、水墨画や茶の湯、生け花などを楽しんだんだ。

"歌人や画家、茶の湯の師匠などを銀閣に集め、しゅみの生活を送りました"

👤 家来 いいね！😊

▼でもやっぱり、芸術以外は興味ゼロ…

"ききんのとき、都の人びとがたくさん死んでいった。それを知らせたが、なにもしようとしなかった" 👤 後花園天皇 あちゃー😣

"幕府の財政もきびしかったので、わたしが大名にお金を貸して、その利子でかせいでいました" 👤 日野富子（妻） あちゃー😣

これにておしまいじゃ！

キャッチフレーズ つけちゃおう！

テスト その2

気に入ったフレーズがあったら、その偉人の人生を、もっと深く調べてみるのもいいね！

なまえ

点

テストに入る前に 読もう！

(1) 全力で96点のところだけ解かない。
(2) 100点とっても成績はあがらない。
(3) 100点とったからと親におこづかいをねだりに行かない。

問 次のキャッチフレーズ（❶〜❺）の●とぴったりな歴史上の人物（Ⓐ〜Ⓔ）の★を線で結びなさい。

❶ 秀吉様と二人三脚 （1点） ・・・●

❷ 幕府にお金を！ わたしにワイロを！ （1点） ・・・●

❸ 妻に頭が上がりません （1点） ・・・●

❹ 薩摩のアイドル （1点） ・・・●

❺ スーパードッグラバー （96点） ・・・●

※P18-19の答え…①—A、②—E、③—D、④—B、⑤—C

田沼意次（たぬまおきつぐ）

どのキャッチフレーズ？

A

どのキャッチフレーズ？

足利義政（あしかがよしまさ）

B

どのキャッチフレーズ？

石田三成（いしだみつなり）

C

どのキャッチフレーズ？

徳川綱吉（とくがわつなよし）

D

どのキャッチフレーズ？

西郷隆盛（さいごうたかもり）

E

→ 答えはP18へ！

石田三成

最後まで豊臣氏につくした武将

いしだみつなり

生没年
1560
〜
1600

室町〜安土桃山
時代

なんとなくわかる！
人生すごろく

START！

1560年
近江（滋賀県）の
地侍の子として生まれる

日本一
大きな湖の名前は？
（答えは欄外）

1574年
寺で小姓を
していたとき
出会った、
豊臣秀吉に仕える

わしの
家来に
なるか？

お茶を3杯飲んで
3コマ進む

1582年ごろ
秀吉の側近として
頭角をあらわす

勢いよくジャンプ
して5コマ進む

86

答え：琵琶湖（滋賀県）

1598年
主君・豊臣秀吉
が死去する

重臣として、
秀吉の息子・
豊臣秀頼を支える

仕事が多すぎて1回休み

悲しいことは夕日に
向かって叫ぼう！

ひでよし
さまぁぁぁ

徳川家康の勢いに
危機感を持つ

友だちが
つらいときは
助けて
あげよう！

打倒
家康

ビョ―――ン

1600年
徳川家康ひきいる
東軍に敗れる
関ヶ原の戦い

1582年
太閤検地を
中心となって行う

玄関から自分の机まで
何cmあるかはかれ！

捕らえられ殺される

GOAL!

※もとは農民だが、大名などと主従関係を結び、侍になった人々。

秀吉様には信頼されたが、それ以外にはきらわれた。なぜだ、わからん！

秀吉様との出会い

三成は、寺の小姓をしていた15歳のとき、通りかかった豊臣秀吉に気に入られ、とりたてられたんだ。
→P86

加藤や小早川のけしからぬ行動

秀吉が朝鮮侵略を行ったときのこと。朝鮮で戦っていた大名の働きや違反などを報告する役割だった三成は、加藤清正や小早川秀秋などの行動を秀吉に言いつけた。そのため、処ばつされた武将たちの怒りをかったんだ。

石田三成

秀吉が大好きなんですね！

 そのとおり!! ファンじゃ！

 秀吉様との出会いは、少年時代にさかのぼる…。

あの〜、長くなります？

 ワシは秀吉様のことを思ってこそ、加藤や小早川のけしからぬ行動を、秀吉様にお伝えしたのに！

それ、告げ口ってやつ？

送信

88

mitsunari

秀吉様命だったワシ。秀吉様が亡くなった後も、豊臣家をつぶさぬように必死で働いたよ。みんな、ワシと同じ気持ちだと思ったのにな〜。家康は、関ヶ原の合戦前に、大名にたくさん手紙を書き、寝返るようにさそったんだってな。あのタヌキおやじ！

#関ヶ原の戦い　#秀吉様すみません
#小早川秀秋のやつ　#寝返った

☹ **かなしいね** 35550件

☺ **忠誠心がすごいね** 3677件

しくじりまとめ

人を動かすには、相手を理解して心をつかもう！

ほかの人が全員、自分と同じ気持ちとはかぎらない。まわりのみんなに協力してもらうためには、まず相手の気持ちを理解することからはじめよう！

89

ナンバーツーとして有能！三成って実はこんな人!!

▼とにかく、豊臣秀吉への忠誠心がすごい件

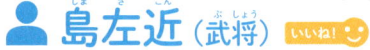

> ご自身の給料の半分を出して、わたしをやとわれました

👤 島左近（武将） いいね！😊

これで家来になってくれ

たのむ

!!⁉

三成は戦が下手だったので、名将と名高い島左近を、大金を払って家臣にしたんだ。「三成にとって、もったいないものがふたつある。島左近と佐和山城※」と、ウワサされたほど。

> 「もらった財を使いきらないのは、豊臣家の財産を盗むことと同じ」と、豊臣家のためにお金を使った。で、自分の城は、かべの修理もできずにボロボロ…

👤 家来 あちゃー 😫く

※近江国（滋賀県）にあった三成の城。
立派な天守閣があったとされる。

▼やはり、頭脳派！　裏方としては活やくするらしく…

わしの次に頭がいい

のは三成じゃ！

👤 豊臣秀吉　 →あっぱれ歴史人物事典 P36　いいね！ 😊

寺の少年だった三成は、秀吉が立ちよったとき、1杯目にぬるいお茶を、2杯目以降はじょじょに熱いお茶を出したそう。これはのどをうるおしてから、熱いお茶を味わってほしいという気づかいで、感心した秀吉が家臣に取りたてたんだ。

① ぬるい
② あったかい
③ あつい

うまい!!

ぷは

わしが大軍をすばやく動かせたのは、三成が、兵の食糧調達や移動をスムーズに行ったからじゃ

👤 豊臣秀吉　→あっぱれ歴史人物事典 P36　いいね！ 😊

▼意外にも健康マニア!?

処刑される前、「湯がほしい」と言われたが、柿しかなかった。すると、「柿は体に毒だからイヤだ」と拒否された。これから死ぬというのに…

👤 家康の家来　へぇ〜 😛

これにて
おしまい
じゃ！

91

勝つには勝ったけど…

…合戦ぽくない

脱力合戦NEWS

平安時代 1180

バサバサバサササ

びく

つっ

富士川の戦い

平氏、水鳥におどろいて逃げ出す

勝ち

源頼朝 VS 平維盛

源氏の軍が富士川をわたろうとしたとき、水鳥がいっせいに飛び立ちました。平氏は水鳥の羽の音を大軍が押し寄せる音と聞きまちがえ、戦わずに逃げだしたようです。

室町時代 1572

しぃ〜〜〜ん…

ワナか？

負けた家康は城に帰ると、すべての城門を開かせて火をたかせました。信玄は、多くの兵士がひそんでいるのではとあやしみ、城を攻めなかったので、家康は命拾いしたということです。

勝ち

武田信玄 VS 徳川家康

三方ヶ原の戦い

信玄、家康にだまされ追い討ちをかけず

有名な武将たちの戦いのなかには、「戦わずに勝った」「たまたま勝てた」なんて場合もあるんだ。ま、勝ちは勝ちだけどね！

勝ち

伊達政宗 vs 芦名氏

安土桃山時代 1589

摺上原の戦い

政宗、見えないのをいいことにデマを流す

すなあらしがはげしくなったとき、伊達軍は、山の上にたくさんの軍旗を立てました。それを見た芦名軍は、まだ敵の大軍がいたのだと思い、逃げていきました。

勝ち

豊臣秀吉 vs 北条氏政

安土桃山時代 1590

北条氏の小田原城をとりかこんだ秀吉。あえて攻撃せず、城の前の山の上で、これ見よがしに茶会や宴会を開きました。その余裕が、北条氏のプレッシャーとなり、降伏したもようです。

小田原攻め

秀吉、茶や酒を楽しんだだけで勝利

うぬぼれすぎ、自由すぎ、独占しすぎ…、
とにかく極端。でも愛すべき偉人たち。

備えなしで
うれいあり
武田信玄

田沼意次

まじめに
ひたすら
まじめに
芥川龍之介

自然体
そこまで
したわれても
西郷隆盛

武士としてはじめて政権をにぎった

平清盛
たいら の きよ もり

生没年
1118
〜1181
平安時代

なんとなくわかる！
人生すごろく
START！

1118年
平氏のとうりょう・**平忠盛**
の長男として生まれる

毎日武芸にはげんで3コマ進む

1156年
保元の乱
後白河天皇方
で勝利

ケンカを
見つけたら、
やめさせ
よう！

1159年
平治の乱
藤原信頼・
源義朝をたおす

毎日トレーニング
して腹筋をわれ！

1180年
安徳天皇の即位で天皇の**外祖父**※に

おじいちゃんの名前を調べよ！

※母方の祖父のこと。

同年
平家を倒すため、**源頼朝**が挙兵

プレゼントをあげたのにお返しがなくても…気にするな！

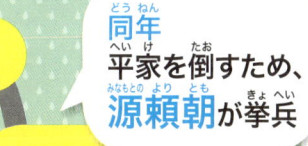

平家一門だけが権力を持ち、周囲の不満が高まる

ときには反省も大切。2コマもどる

1167年
朝廷で最高の位である**太政大臣**となる

お茶を飲んでまったり。1回休み

1181年
熱病にかかって死亡

勝利

頼朝挙兵におこりながらGOAL！

平家にあらずんば人にあらず。ん？ 平家だけひいきしすぎだということか？

平家にあらずんば人にあらず

清盛の妻の弟・平時忠が平家の権力が絶大な時に、言いはなったとされる言葉だよ。平氏以外の氏族をさげすんでいるんだ。清盛の時代には、朝廷の高い位は、ほとんど平家が独占していたんだよ。

おごれる者も久しからず…

平家が栄え、そしておとろえていく様子をえがいた『平家物語』の一文だ。えらそうにしている人の天下は長続きせず、夢のようにはかなく消えるものだ、という意味があるよ。

平清盛

平家にあらずんば人にあらずって、どういう意味ですか？

 平家でなければ人間じゃない、という意味だ。

ひえ〜。生きてていいのは平家だけってこと？

 平家をもり上げることがわたしの使命だったのじゃ！

えぇ〜

 "おごれる者も久しからず、ただ春の夜の夢のごとし…"になろうとは…。

送信

kiyomori

わたしは太政大臣になり、娘を天皇と結婚させて、天皇の外戚※になった。朝廷で一番えらくなったのだ。だが、平家だけを出世させたため、ほかの武士の不満が高まってしまった…。平家を倒した源頼朝は、源氏ではない武士もとても大切にしたようだな。

#孫も天皇に　#天皇のじいじ
#平家　#高い位をひとりじめ

※ 天皇の母親または妃の親せきのこと。

 いいね！ 1件　　😣 がんばれ 3450件

😑 いい気になりすぎ！ 25333件

しくじりまとめ

自分ばかりではなく、人の幸せも考えてみよう。

清盛は平家一族だけを出世させ、武士全体の幸せを考えなかったので、武士の不満が高まったんだ。みんなに平等に接していれば、結末は変わったかもしれないよ。

みんなのコメント

富も権力もひとりじめ!? 清盛って実はこんな人!!

▼朝廷での気になるひょうばんは…

"商売上手。宋（中国）との 貿易を進め、大きな富 をきずきました" 👤貴族 いいね! 😊

清盛は日宋貿易をさかんに行って、大きな利益を得ていたんだ。兵庫に大きな港をつくり、船が通る道も整備したり、航海の無事をねがうため、厳島神社の修ふく工事も行ったよ。

"ゴマすり上手。私に、1001体の観音様がおられるお寺を作ってくれた" 👤後白河法皇 いいね! 😊

"平治の乱で、わたしは殺されたが、清盛は生き残って手がらをひとりじめした" 👤信西（後白河法皇の家臣） あちゃー😵

▼そして、平家一門をもり立てるためには、手段をえらばない

禿と呼ばれる少年たちにスパイ活動をさせました

👤 平時忠（清盛の妻の弟） あちゃー

清盛は、平家をきらう人をさがすため、300人ほどの十代の少年を、おかっぱ頭（禿）に赤い服を着せて京都を見回らせたらしいよ。平家の悪口を言うとつげ口されるので、人びとからおそれられたんだ。

行け!!

平家に反乱をくわだてたのがばれ、反乱がわの人びとは処刑。殺されたり、島流しにあいました

👤 俊寛（僧） あちゃー

▼とはいえ、なかなか憎めない人だったのかも…

高い歯のついたげたをはき、平家の長男（太郎）だったので、昔のあだ名は「高平太」

👤 西光（僧） へぇ〜

捕りょになったわたしがまだ若かったので、殺さずに流罪にしてくださった※

👤 源頼朝 →あっぱれ歴史人物事典 P86 いいね!

※源義朝の息子・頼朝は、平治の乱に負けて殺されるはずだったが、清盛が情けをかけた。

これにておしまいじゃ！

勝手に 言いかえ辞典

歴史用語　いまどき語

其の二

歴史に出てくる用語を現代風に言いかえてご紹介。難しく感じていた内容がグ～ンと理解しやすくなるよ！

鎌倉時代

歴史用語		いまどき語
守護	⇒	警察、軍隊
地頭	⇒	土地ごとの管理人
徳政令	⇒	借金帳消しお助けシステム
鵯越の逆落とし（一の谷の戦い）	⇒	むちゃ攻め大勝利

室町時代

歴史用語		いまどき語
隠密	⇒	情報収集役
応仁の乱	⇒	11年間の将軍家のあとつぎバトル

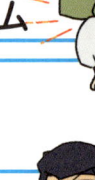

安土桃山時代　歴史用語

いまどき語

楽市
→ 商人のための税金無料サービス

楽座
→ だれでも営業OK

江戸時代　歴史用語

いまどき語

参勤交代
→ 江戸と地元を1年ごとに行ったり来たり

生類憐みの令
→ 生き物愛護ルール

明治時代　歴史用語

いまどき語

廃藩置県
→ 藩はやめて府や県と呼ぼうキャンペーン

自由民権運動
→ 国会を開いて国民のルールを作ろうアピール

★注意★
●用語は、ほかの時代でも使われている場合があります。こちらは歴史に興味を持つためには有効ですが、テスト対策用ではありません。「いまどき語」を書いた場合、おそらく不正解ですのであしからず。

源義経
みなもと の よし つね

生没年
**1159
〜
1189？**

平安時代※

なんとなくわかる！
人生すごろく
START!

1159年
平治の乱 父・義朝が討ち死に

ショックを受けて
1回休み

1170年ごろ
京都・鞍馬寺に
あずけられる

「天狗になれる」
ことを探せ！
（自まんできること
という意味）

1174年
藤原秀衡をたより、
奥州平泉（岩手県）に
向かう

両親に日ごろの
感謝を伝えよう！

※鎌倉時代のはじまりは、1185年やそれ以前、1192年と

兄上へ
そんなつもり
じゃなかったです。
ほんとうすみません。
よしつね

ぐしゃ

ポイ

同年
頼朝と対立し、
鎌倉入りを
禁じられる

「ごめんなさい」を100回書き、
反省の気持ちを伝えよ！

同年
頼朝にゆるされず、
ふたたび奥州藤原氏
をたよる

体のつかれをいやして
1回休み

1185年
壇ノ浦の戦い
源氏の大将として
平氏を滅ぼす

なわとびで
八重とびせよ！
無理なら
二重とびでOK

※義経は、壇ノ浦の
戦いで、八そうの船
から船へと、身軽に
飛びうつったという。

1189年
秀衡の子・藤原泰衡
に攻めこまれる

弁慶に
守られるも
自害に追いこまれ
GOAL！

1180年
平氏を討つため、
兄・源頼朝が挙兵。
その軍に加わる

準備運動がてら
4コマ進む

いくつかの説がある。

戦で大活やくしたのに、兄さんがそんなにおこるとは（汗）。

源平合戦で、だれよりも…

頼朝に、平氏追討を命じられた義経は、源氏の大将として、「一ノ谷の戦い」「屋島の戦い」と、平氏軍に次つぎと勝利。とうとう「壇ノ浦の戦い」（1185年）で、平氏を滅亡に追いやったんだよ。

後白河法皇

平清盛と協力関係にあったが、清盛と対立すると、源氏に命じて平氏をほろぼさせたんだ。義経に官位を与えた後、今度は源頼朝を討つ命令を出した。その一方で、頼朝には義経を討つ命令を出し、ふたりを争わせて源氏の勢いをおさえようとしたんだよ。

源義経

大たんな戦術で、源平合戦では大活やくしたみたいね！

源平合戦で、だれよりも手がらをたてたのは俺さ！

でもその後、お兄さんの頼朝と対立したんだよね。平氏との戦のあい間に、後白河上皇から、勝手に官位をもらったからとか…。

お、俺はそれくらい当然だと思ったんだけど…（泣）。

よしよし

送信

yoshitsune

後白河法皇が、一ノ谷の戦いで平氏に勝ったほうびに官位をくれるって言うから、「源氏の名誉になるはず★」という気持ちでもらったんだ。でも、鎌倉で武士をまとめようと必死だった兄さんは、俺が京都で法皇の側近になると思うと、がまんできなかったんだね。悪気はなかったんだけどなぁ。

#官位　#ごほうび　#兄さんの許可なし

😫 **ゆるすぎ！** 34850件

😢 **かなしいね** 5420件　　😧 **おどろき！** 325件

しくじりまとめ

親しき中にも礼儀あり。
最低限の気づかいは必要。

「自分の意見を持つ」ことと「自分勝手」はちがうよ。親しくなるほど相手への配慮を忘れがちになるけど、マナーや気づかいをもって接すれば、いい関係を保てるんだよ。

107

頼朝と対立した戦の天才 義経って実はこんな人!!

▼空気がよめない&自分が一番！

"わたしの意見はまったく聞かず、自分ひとりでつき進んだ"

👤 **梶原景時**（武将） あちゃー👐

源平合戦に補佐役として参加した景時。義経と対立し、「義経は大勢の力をかりて勝ったにもかかわらず、自分ひとりの手がらのように考えている」と、頼朝に手紙を送っているよ。

"わしに許可なく、後白河法皇から官位をもらい、さらには、平時忠※の娘と結婚するとは…"

👤 **源頼朝**

→あっぱれ歴史人物事典 P86　あちゃー👐

※源平戦で捕りょになり、娘を義経にとつがせて、保護されようとした。「平家にあらずば人にあらず」を言った人だ。　→P98

うちの娘のことなんですけどぉ～

どうです？

ん

108

▼それでもやっぱり、**戦場での行動力**はずば抜けていた

"シカが下りられるなら、馬も下りられるはず！"と、急ながけをかけ下りた 👤 **家来** いいね! 😊

一ノ谷（兵庫県）の戦いでは、平氏の大軍が、切り立ったがけを背後に陣取っていた。義経は、そのがけをシカが下りていくのを見て、「同じ四つ足の馬が下りられないはずがない」と、先頭に立ってかけ下り、平氏をうちやぶった。

"屋島（香川県）の戦いでは、あらしの日に海をわたって、平氏を奇襲※。わずかな兵で勝利されました" 👤 **家来** いいね! 😊

※相手が予想していなかった方法やタイミングで攻撃すること。

▼**幼いころからすごい！**　伝説の数かず

これにておしまいじゃ！

"幼いころの名は「牛若丸」。天狗から剣術の指導を受けて、強くなったそうです" 👤 **家来** いいね! 😊

"怪力が自まんのわたしだが、剣術では子どもだった義経様にかなわなかった" 👤 **武蔵坊弁慶（家来）** いいね! 😊

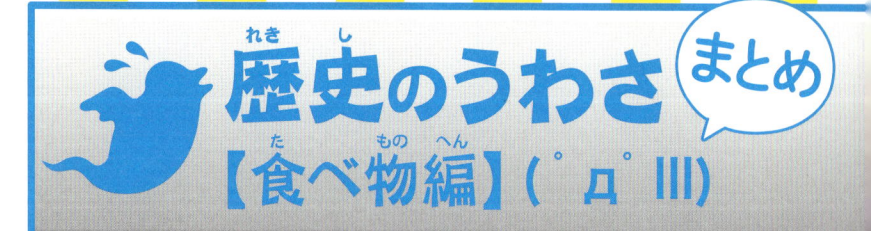

歴史のうわさ まとめ
【食べ物編】(ﾟдﾟIII)

その時代ならではのおどろきの食習慣や、食べものに関する悩みが
あったんだね。食べ物にまつわる話、ちょっとのぞいてみちゃおう！

藤原道長（平安時代） @michinagafujiwara
目の病気によいと言われたので、魚を食べ
てしまった。つぐないのため写経をしたよ。

魚は
目に
いいよ

藤原道長も食べちゃったんだね。仏教の戒律がきびしく、肉魚は禁止されていたんだ。

平成時代 @nikuzuki
貴族は現代人より不健康らしい。衝撃…。 ↻

平安時代 @kenkootaku
食事は栄養がかたよってるし、室内中心の
生活で運動不足。早死にする人も多い…。

平清盛（鎌倉時代）@kiyomoritairano
源氏に負けたのは、ごはんのせいじゃーー!!

源頼朝（鎌倉時代）@yoritomominamoto
今日のごはんは、玄米に新鮮な野菜、肉に昆布！　われながらヘルシー。

源氏は武士の質素な食事、平氏は貴族風のごちそう。こんなに違う！体力に差が出たらしいよ。

江戸時代 @sessyabushidegozaru
フグの料理は禁止！　武士は戦で死ぬべきだ！　万が一、フグの毒で死んでしまっては、不名誉きわまりないからな！

徳川家康（江戸時代）
@ieyasutokugawa
油断した…、ふだんは質素な食事だったのに…。「タイが食べタイ」、そう言ったばかりに…涙。

徳川家康はタイの天ぷらを食べすぎて、腹痛をおこして亡くなったとも言われているよ。

今川義元
いま　がわ　よし　もと

生没年
1519〜1560

室町時代

なんとなくわかる！
人生すごろく
START!

1519年
駿河＆遠江（静岡県）の大名・
今川氏親の五男に生まれる

お兄ちゃんに
かわいがられて1回休み

1522年ごろ
あとつぎの兄が
いたので出家

修行として家じゅう、
ぞうきんがけせよ！

1536年
兄が亡くなり、
あとつぎ争いに勝利。
今川家をつぐ

自分のことを「まろ」と
呼んで1日すごせ！

自分の家の
法律を定めよ！
（「アイスは1日
5本まで」など）

1553年
「仮名目録追加」を加えた
「今川仮名目録」を定める

1560年
領土を広げるため
尾張国（愛知県
西部）へ進軍

愛知がどこに
あるのか地図
で調べよ！

1549年
松平氏が持つ
三河国（愛知県東部）
を占領。松平氏の息子・
竹千代を人質に

竹千代の後の名前は？
（答えは欄外）

同年
桶狭間の戦い
信長軍に攻めこまれる

って、
えええ

織田など
ひねりつぶして…

1537年
武田信玄の姉と結婚。
武田氏と同盟を結ぶ

あまりしゃべった
ことのない子に、
話しかけてみよ！

あえなく討ち死に
GOAL!

答え：徳川家康

強いはずのまろが負けるとは…。天狗になっていたかものう。

乗れないのではなく、乗らない

義元は、信長軍に敗退したときに馬に乗って逃げたと歴史書に書かれているよ。また、弓矢の名手だったという話もあるんだ。

ゆいしょある守護大名

今川家は、室町幕府の将軍・足利家の血流を引く、ゆいしょ正しい守護大名。輿に乗る、化粧をするなど、公家のまねをすることで、格の高さをアピールしようとしていたんだ。

今川義元

> 馬に乗れないと聞きましたが…。

> まろは乗れないのではない、乗らないのじゃよ。

> でも、戦には輿に乗って行っていたんですよね…？

> 今川家は、ゆいしょある守護大名の一族。将軍から輿に乗ることをゆるされていた。

> 白粉もおにあいですね…。

> 権力を示すためなのじゃ（汗）（汗）。

> 送信

yoshimoto

さ、輿に乗って出陣じゃ〜★　信長？　あの尾張国（愛知県西部）で勢いがあるってヤツ？　ほほう、でもまあ、地元どまりじゃろ？　まろの大軍がおれば、楽勝、楽勝♪　おっ雨が降ってきたな。おお、ここは桶狭間というのか。酒でも飲みながら休もうかのう。もう一度、言うぞ。楽勝、楽勝…。

#桶狭間の戦い　#どしゃ降り　#不意打ち　#天狗

😊 いいね！ 0件　　😵 ゆるすぎ！ 55890件

😫 かなしいね 3420件

しくじり
まとめ

自信を持ちすぎると逆に失敗することもある。

テストでも、かんたんだ、となめてかかると、意外にもできなかったということがあるよね。うぬぼれずに努力を続けることで、さらによい結果を出せるようになるよ。

みんなのコメント

え!? "海道一の弓取り"!?
義元って実はこんな人!!

▼お坊っちゃん気質? 貴族へのあこがれも

歯をおはぐろでそめたり、髪に香をたきしめたりされていました

👤 家来 あちゃー

つやぷるくん

よっ

貴族のしゅみである、けまりや和歌が大好き。京風の着物を着て、おはぐろやお香など、貴族の習慣を好んだというよ。武芸の訓練もせず、だんだんぽっちゃりしてしまったそう。

わたしに頼りきりだったという話もあるが、助言どおりに戦や政治を行ってくれた

👤 太原雪斎※（僧、軍師）

へぇ〜

じいの意見はいつも正しいなぁ

うん
うん

※天才的な軍師として、義元を助けた。桶狭間の戦いの前に、亡くなってしまった。

116

▼幼いころは苦労人。人を見る目もあったとか…

あとつぎになれないとされ、寺に修行に出された

👤 太原雪斎（僧、軍師）　いいね! 😊

義元には4人の兄がいたので、あとつぎにはなれないとされ、4歳で出家し、京都の寺に入ったんだ。そのときに出会ったのが太原雪斎。その後、兄が死んだため、兄弟間でのあとつぎ争いを制し、17歳で今川家をついだんだよ。

❝人質の竹千代※に対して、義元様は「好きなように生活させよ、そうすれば人はダメになる」と命令されました❞ 👤 家来 　へぇ〜 😮

※のちの徳川家康。

▼国を守る大名としては、すぐれていた

❝義元様が仕上げた独自の法律、「今川仮名目録」は、ほかの戦国大名が手本にするほどすぐれていました❞ 👤 家臣 　いいね! 😊

❝"海道一の弓取り※"と呼ばれておった❞
👤 武田信玄 →P120 　いいね! 😊

※東海道一番の武将、という意味。

これにておしまいじゃ！

年代暗記 ゴロかるた

江戸〜明治時代

1639年、ポルトガル船の来航を禁止、1641年にオランダ商館を出島に移して、鎖国の体制が固まった。

江戸〜明治時代の年号もゴロ合わせ。イラストもいっしょにおぼえれば、パッとひらめくよ。

江戸時代

イ 1
チローサンキュー
鎖国へ進む
6 3 9

1639年

江戸時代

ドーン

イ 1
ヤーン見ないで
大塩平八郎の乱
8 3 7

1837年

1837年、大塩平八郎の乱。元幕府の役人の大塩が、米不足で苦しむ人々を見かねて、江戸幕府へ反乱を起こしたんだ。

江戸時代

山 1 8
小屋で結んだ
日米修好通商条約
5 8

1858年

1858年、日米修好通商条約。日本とアメリカとの間で結ばれた条約。日本に不利な内容だったんだ。

江戸時代

大政奉還

１８ 人は

６７ むなさわぎ

ざわ
ざわ

1867年

1867年、大政奉還。江戸幕府15代将軍の徳川慶喜が、幕府が持っていた政権を朝廷に返上したんだ。

明治時代

い １

１ っぽんバナナ

８ 食べる西郷どん

７

７ （西南戦争）

うまか〜

1877年

明治時代

焼

１ くぅ焼きそば

８ 日清戦争

９

４

じゅ〜

1894年

1894年、日清戦争。朝鮮半島をめぐって起こった日本と清（中国）の間の戦争。日本が勝ち、下関条約が結ばれたよ。

1877年、西南戦争。薩摩藩（鹿児島）の士族が、西郷隆盛を中心に明治政府に対して起こした反乱だ。

119

武田信玄

風林
火山

なんとなくわかる！
人生すごろく
START!

堤防「信玄堤」
や、城下町の
建設を行って
国を豊かにする

1541年
父・武田信虎
を追放し、
武田家をつぐ

追放

お父さんと
早口言葉対決！
「信玄、もう信じら
れんけん」10回！

おうちの人に
言われる前に、
部屋のそうじをせよ！

答え：戦いにおける４つの心がまえ。風のようにすばやく動いては、林のように静かにかまえ、火のようにはげしく

1568年
今川氏真を倒して
駿河国（静岡県）を統一

バンザイと3回言って
3コマ進む

信玄の旗印
「風林火山」の
意味は？（答えは欄外に）

1572年
三方ヶ原
の戦い
徳川家康に
大勝利

ドドドドドド

まずはかわいい
ポニーに乗ってみよ！

1561年
川中島の戦い
上杉謙信と4度めの対決

1554年
上杉謙信に対抗するため、
北条氏康・今川義元
と同盟を結ぶ

となりの人と
握手して2コマ進む

1573年
京都に向けて
進軍中、
体調が悪くなる

無念じゃぁ〜

甲斐国（山梨県）から、
信濃（長野県）各地に
攻めこみ、次々と勝利

持病の悪化
で亡くなる
GOAL！

戦いにつかれて1回休み

侵りゃくし、山のようにどっしりと動かない、という意味。

戦国最強軍団を作りあげたはずが。ツメがあまかったのう。

武田信玄

治水事業に、金山の開発と国内の事業に力をそそぎ、強力な軍隊も育られましたね。

うむ。領民に親しまれ、軍隊は戦国最強と呼ばれたのだ。

もう、あなたが天下を取るしかなかったのでは？

ところが、そのと中、病気になって死んでしまった。人の命ははかないもの…。

息子の勝頼さんがいます！

あわあわ

オロオロ

送信

治水事業に、金山の開発
武田信玄は、「信玄堤」とよばれる堤防の建設や、新田開発を行ったほか、金山の開発も行い、国の力を高めたんだ。

戦国最強
兵士たちにきびしい訓練を行い、戦国最強と恐れられた武田騎馬軍団を作りあげたんだよ。

息子の勝頼
信玄の死後、武田家を相続。ところが、長篠の戦いで、織田信長に敗退してしまう。自まんの騎馬隊も大打撃をうけ、その7年後に武田家は滅亡してしまうんだ。

shingen

ワシの死が知れると、国が攻められてしまうと思い、「わが死を3年かくせ」と遺言した。しかし、家臣がお経をあげる様子などが見られて、わかってしまったようだ。その9年後に武田家がほろびるとは、ワシの築いたものはなんだったのか…。

#すぐばれた　#武田勝頼　#長篠の戦い
#信長に負けた　#鉄砲こわい

 ゆるすぎ！ 54890件　 かなしいね 420件

しくじり
まとめ

備えあればうれいなし。
将来のため、いま準備を。

たとえば、いま勉強することは、将来、好きな仕事につくための準備になるはずだよね。信玄もリーダーとして、前もって死後の準備をしておくべきだったのかもしれない。

織田信長も恐れるだけある!?
信玄って実はこんな人!!

▼抜けめのない策略家として知られるが…

何ごともお金で解決！
国のお金を増やそうとしました

👤 家臣 あちゃー😵

ちょっとカノジョにプロポーズしてくる！

お金を払うなら結婚していいよ 信玄

おぉ〜

僧侶は結婚禁止だったけど、「妻帯役」という税金を払えば、結婚をしてよいとしたんだ。また、戦争で勝ったときは、捕りょを連れて帰り、身代金を払わせて、親せきなどに引き取らせていたらしいよ。

自分にそっくりな人間を、影武者として何人も用意し、敵をごまかした。実はわしも影武者なのじゃ

👤 武田信廉（弟）

ふ〜ん 🫤

ほ、本物の信玄はどれでSHOW クイズショー

▼人間味あふれるエピソードも…

"トイレが大切な場所。こもって作戦をねったり、重要な書類に目を通されていました" 👤家来 へぇ〜😮

信玄のトイレは、広びろ6畳の畳敷き。戦のない日は、そこにこもって仕事をしたんだ。しかも、ふろの残り湯をトイレの底に流して排泄物を処理する「水洗式」！ さらににおいを消すために、香炉を置いていたというよ。

"城に住まず、館に住んでいたため、城に住まない理由をたずねると、「人は城、人は石垣、人は堀」とひと言。人間こそが一番大切だ、という意味です" 👤家来 いいね!😊

これにておしまいじゃ！

▼人望のあつさから、あの武将をも恐れさせて…

"できるだけ戦いたくないヤツだ。プレゼントをおくったり、同盟を結んだり…。ワシも気をつかったわ…"

👤織田信長 →P12 いいね!😊

下剋上
（げこくじょう）

【意味】身分の低い人が自分より身分の高い人を実力でたおして権力をにぎること。戦国時代、さまざまな身分の人がもとの大名をたおして大名になるほどさかんになった。

こんな言葉の代わりに使える！

●立場が逆転する
●番くるわせ
●引きずりおろす
●おとしいれる
●無理めな挑戦
●実力主義

など

まいつき毎月のおこづかい額

オレさまは オマエの倍だぜー

ちぇっ？

小3 300円　小6 600円

テストで100点とるごとにおこづかい100円プラスしてくれない？

いいわよ べんきょう勉強がんばりなさい

オマエには ムリムリ

あー おもしろい

マンガ

ま、まさかの これが下剋上!?

がんばったわね!! ハイ、今月分！

600円

100 国　100 算　100 理　100 社　700円

わーい

【意味】国家にそむくこと。
家来が主人に従わず、反乱を起こすこと。
味方のふりをしながら
リーダーを暗殺する行動に使われることもある。

謀反（むほん）

こんな言葉の
代わりに
使える！

● 裏切る

● 寝返る

● 立ち上がる

● 革命を起こす

● 反逆する

● もうガマンできない！

など

田沼意次

生没年
1719
〜
1788

江戸時代

なんとなくわかる！
人生すごろく

START!

1719年
紀州藩出身の旗本
田沼の家に生まれる

誕生日
ケーキを食べて1回休み

1745年
江戸幕府
9代将軍・
徳川家重
の小姓になる

うれしさのあまり
3コマすすむ

まかせた〜

1772年
江戸幕府10代
将軍・徳川家治
の元で
老中になる

クラスで
将棋を
はやらせよ！

はっは

印旛沼・手賀沼の干拓や、
蝦夷地※の探検にチャレンジ

校庭の水たまりを「干拓」せよ！
（みんなが遊びやすくなるぞ）

オランダなどとの
長崎貿易
をすすめる

むしゃあ

美味い

カステラを
バニラアイスと
食べると
おいしいぞ！

1783年
浅間山噴火、
天明のききんなど
災害がたて続けに起こる

つかれて1回休み

1786年
将軍・家治の
毒殺をうたが
われて
失脚

やってません！！

実様ナンバーの花

株仲間を
みとめるかわりに、
税金をおさめさせる

宿題するかわりに
テレビが見られるよう、
お母さんと交渉だ！

失意のなか
亡くなる

GOAL!

※現在の北海道のこと。

なにごとも、お金（かね）でまるくおさまる…はずであったが。

株仲間（かぶなかま）
同業で集まった、商工業者（しょうこうぎょうしゃ）のグループ。意次は、株仲間（かぶなかま）をどんどん作らせて、かれらに利益（りえき）の独占（どくせん）をゆるすかわりに、幕府（ばくふ）に対して税金（ぜいきん）をおさめさせたんだよ。

新田開発（しんでんかいはつ）
商人（しょうにん）にお金（かね）を出させ、千葉県（ちばけん）の印旛沼（いんばぬま）を干拓（かんたく）（うめ立てて陸地（りくち）にすること）し、田（た）んぼを広（ひろ）げようとしたんだ。工事（こうじ）は途中（とちゅう）まで進（すす）んだんだけど、洪水（こうずい）などで完成（かんせい）しなかったよ。

田沼意次（たぬまおきつぐ）

> **ワイロ政治（せいじ）**って言（い）われていますが…。

 みなのかんちがいじゃ！

> でも、お金（かね）は好きなんですよね？

 お金（かね）は大好（だいす）きじゃ!!

 ただ、持（も）っているところからとっただけ。**株仲間（かぶなかま）**からの税（ぜい）を、**新田開発（しんでんかいはつ）**などに使（つか）ったのだ。

 送信

okitsugu

ワイロをわたせば、もらった方もあげた方もうるおう。どちらにとってもおいしい話ではないか。わたし自身は、ワイロを必要以上に受けとっていなかったつもりだが…。洪水や噴火などの天災がつづいたせいもあり、民衆にはうらまれたようだな。

#お金が好き　#ワイロ　#必要最低限
#きらわれた　#洪水　#噴火　#ききん

 がめつい！ 22300件　ウケる！ 2件

しくじり
まとめ

きちんと説明すれば、誤解されなかったかも。

商業を重視した意次の政策は、時代の先をいきすぎて理解されにくく、ワイロばかりが注目された。まわりに認められるためには、説明する努力も必要なんだよ。

みんなのコメント

お金にがめつい悪役なの!? 意次って実はこんな人!!

▼実は…家がらコンプレックス

> **わが家の家系図が見たいというのでかしたが、なかなか返してくれなかった**

👤 佐野善左衛門（幕府の役人） あちゃー

…うーむ

田沼家は、もとは足軽という低い身分だったんだ。当時は家がらを重んじる社会だったため、意次は家がらがコンプレックス。名門の家系図を元に、にせものの家系図が作れないか考えていた、というウワサもあるよ。

▼ワイロがあたり前になり、民衆の評判は悪かった…

> **役人の 子はにぎにぎを よくおぼえ**
> （役人の子どもは、もみ手でワイロをもとめるのが上手だなあ）

👤 町ではやった川柳 あちゃー

> **洪水に大地震、浅間山の噴火! 田沼の政治への天ばつだ!**

👤 町人 あちゃー

▼気くばり上手＆新しいもの好きの顔も持ち合わせていた

"蘭学者のわたしに目をかけてくれ、身分のへだてなく話してくれました"

👤 **平賀源内**（蘭学者・発明家）　いいね！😊

蘭学（オランダ語の学問）など新しいものが好きで、積極的にとり入れたよ。当時の役人としては、かなり発展的。「解体新書」も、源内から聞いて知ったといわれるよ。

"「解体新書」※1の発行をおゆるしくださいました"
👤 **前野良沢・杉田玄白**（蘭学者）　いいね！😊

"江戸城の大奥※2に来るときは、おみやげを忘れませんでした"
👤 **松島局**（大奥御年寄）　いいね！😊

※1
人体の解剖図などがのっているオランダ語の医学書を、日本語に訳したもの。

※2
将軍の妻や子どもがいる場所。

これにておしまいじゃ！

島流しで流された離島カタログ

罪を犯したとされる人の処ばつのひとつに、「島流し」がある。流されたのはどんな「島」なのかチェックしてみよう!

注意：行く島は自分で選べません。

③ 隠岐島（島根県）

② 佐渡島（新潟県）

人気スポット

④ 硫黄島（鹿児島県）

① 伊豆・伊豆七島（静岡県・東京都）

⑤ 奄美大島（鹿児島県）

知ってる？島流しのキホン

どうやって行くの？
船で連れて行かれるんだ！
有罪とされたり、戦で負けたりした人は、行き先が決まったら、島まで船で護送されるんだ。ちゃんと船員もいるよ。

生活はどうするの？
持ち込みや仕送りも可。自分で働いてもOK！
差し入れなどはないよ。現地で自ら手に入れるか、家族に送ってもらうのが基本。

故郷が恋しくなったら？
たまーにゆるされて、帰れることも
新しい天皇が即位するときなどに、「恩赦」という特別サービスでゆるされることも。

※ここでの硫黄島は、東京都の硫黄島とは別の島のこと。

❶ 伊豆・伊豆七島

伊豆七島のひとつ八丈島は
江戸から数十日の船たびだ！

関ヶ原の戦いで敗れた宇喜多秀家は八丈島に流されて50年をすごし、84歳まで生きた。

流された人

源頼朝（伊豆半島）
宇喜多秀家（八丈島）
など

見どころ

つりをしたり
和歌をよんだり、
けっこう自由。

❷ 佐渡島

自然豊かな島！
天皇がたくさん流された

日蓮や世阿弥など僧や文化人も多い。江戸時代には、島の金山で働かされる罪人もいたよ。

流された人

順徳天皇、
日蓮、世阿弥
など

見どころ

エビやカニ、
イカなど海の
グルメがたくさん！

❸ 隠岐島

西日本を代表する流刑地といえばココ！
身分の高い人、文化人も多く流されたよ

承久の乱ののちに流された後鳥羽上皇が有名。西日本から流された人が多いよ。

流された人

後醍醐天皇
後鳥羽上皇など

見どころ

イカやサザエが名物。
海に沈む美しい
夕日は必見！

❹ 硫黄島

平氏打倒計画の見せしめで
流された人がたくさん

平氏を討とうとたくらんだ罪で流された、俊寛、平康頼、藤原成経などが有名。島の中心に火山があり、野生のクジャクにも会えるぞ。

❺ 奄美大島

西郷も楽しんだ!?
島ライフ。つりもできる！

西郷隆盛が藩主の怒りをかい、流された島。つりをするなど自給自足の生活を送り、島の女性と夫婦に。ふたりの子どもをもうけたよ。

明治維新を成功にみちびいた

西郷隆盛
（さいごうたかもり）

生没年
1827
〜
1877

江戸〜明治
時代

なんとなくわかる！
人生すごろく
START!

1827年
薩摩藩（鹿児島県）
のまずしい武士の
家に生まれる

家族全員分の
おにぎりを作ってみよう！

1854年
薩摩藩主・
島津斉彬に
仕える

うれしくなって
2コマ進む

1858年
幕府を批判したと、
奄美大島へ島流しに
（1864年にゆるされる）

おふろで
まったり
過ごして
1回休み

ようごわす
江戸城への
総攻撃は中止
しもんそ

1868年
江戸城
無血開城
勝海舟と交渉する

ムッとしたら、
腕力より話し合いで勝負だ！

1873年
明治政府に加わるが、
「征韓論※」で
対立して去る

ストレス
発散に
トイレで
熱唱せよ！

※P138参照。

のっし
のっし

1867年
大政奉還&
王政復古の大号令
幕府が力を失う

ひと安心して1回休み

1877年
西南戦争
鹿児島の士族が起こした
反乱のリーダーに担がれる

1866年
薩長同盟
長州藩（山口県）の
桂小五郎と同盟を結ぶ

山口県がどこにあるか
日本地図で調べよ！

もう
ここいらで
よか

政府軍に
敗れて自害

GOAL!

137

みなにしたわれすぎて、後に引けなくなりもした※。

※「後に引けなくなってしまった」の意の鹿児島弁。

征韓論

日本との国交をこばんでいた朝鮮を、武力で開国させようとする考え。西郷隆盛は征韓論をとなえ、自分が朝鮮に行くことを主張した。でも、国内のしくみを先に整えるべきという大久保利通（下記）らと対立して、政府を去っていったよ。

新政府

明治政府のこと。最初は、隆盛のいた薩摩藩と、長州藩のメンバーが中心になり、作られたよ。

一蔵どん

大久保利通の別名。隆盛とは幼なじみで、薩摩藩主・島津斉彬に、隆盛とともに取り立てられたんだ。

西郷隆盛

西郷さんのおかげで、新しい時代になりました！

みな一致団結しもした。

でも、新政府では、征韓論で意見が対立してしまって…。

あれでは話がちがもはんか!!

そ、そうなんですか!?

新政府のこたあ、一蔵どんにまかせもした。おいの仕事は終わりもした。

 送信

明治政府のやり方に不満を持つ士族たちの反乱が増えるなか、ついにおいが作った私学校の生徒が暴走して、政府の火薬庫をおそってしもた。ついにここまで来てしもたか…。もう、政府軍と戦うしかありもはん。おいの体は、きみたちにあずけもんそ！

takamori

#士族　#反乱　#教え子
#やむをえない　#西南戦争

😢 **かなしいね** 55420件

😢 **しかたないね** 4850件

※「せごどん」とは、「西郷どん」の別の呼び方。

しくじりまとめ

本当に相手を思うなら、誤りを正すべきときも。

したわれるのは気持ちがよいし、たのまれたら断りにくい。でも、本当に生徒を思うならば戦争をいさめる努力が必要だったかも。最初はきらわれても最終的には感謝されるはずだよ。

みんなのコメント

いつも全力！ そして自然体！
隆盛って実はこんな人!!

▼一度決めたら動かない！　かなりガンコなところも

「話がまとまらんなら、
短刀一本でかたがつきもんそ」
あのひと言はこわかった…

👤 後藤象二郎（土佐藩士） あちゃー

大政奉還後に、徳川慶喜の今後について議論されたが、なかなかまとまらなかったんだ。でも、西郷のひと言で議論が進み、慶喜の官職と領地を、朝廷に返すことに決まったよ。

幕府に追われたため、
わたしと入水自殺を図った　👤 月照（僧） あちゃー

写真に撮られるのが大きらい。
肖像画もいや。1枚ものこっていません※1

👤 生徒 あちゃー

※1 今のこっている肖像画も、本人を見てかかれたものではない。
西郷の弟やおいをモデルにしたり、知人から話をきいたりして作られたもの。

▼かなり自然体で暮らしていました

全然お金を 使おうとしませんでした

👤 書生 ※2　いいね！ 😊

明治政府で参議という役職をつとめていたときは、月500円※3の高給取りだったそう。でも住まいは賃貸で3円、生活費は15円。残りは大蔵省へ返そうとしたが、認めてもらえなかったというよ。

島流しにされた島で、結婚。男女2人の子に恵まれたの♡

👤 愛加那（島の妻）　へぇ〜 😮

▼そして、人間味あふれるエピソードも

おなかがすいたら、西郷の家に行き、だまって西郷の弟・妹にならんで座った。そうしたら、西郷がみんなのおわんから、少しずつごはんを分けてくれた

👤 大久保利通（幼なじみ）　いいね！ 😊

好きな言葉は「敬天愛人※4」でした

👤 生徒　いいね！ 😊

これにておしまいじゃ！

※2 家事手伝いをしつつ下宿させてもらう学生。
※3 現在の500万円くらい。　※4「天を敬い、人を愛せ」という意味。

使いすぎもこまったもの

ムダづかいが多い！ ランキング

1 徳川家斉 （江戸幕府 11代将軍）

ムダづかい度 ★★★★★ 5.0

側室の数は40人、
子どもはなんと53人！

> 子どもや奥さんの生活費がバカにならず、
> 幕府の蓄えがどんどんなくなりました。by家臣

お年玉だよ～
はーい
おとし玉

2 豊臣秀吉
（戦国武将）

ムダづかい度 ★★★★☆ 3.8

金ぴかの「黄金の茶室」で、
お客をもてなした！

> 壁や天井、柱などのすべてに金ぱくをはった茶室を披露するなど、派手好きでした。by家臣

3 野口英世
（細菌学者）

ムダづかい度 ★★★★☆ 3.5

お酒にギャンブル…
実は借金大王だった。

> 貸したお金を使いきり、返してくれないどころか、さらにお金を貸すよう頼まれた。by友人

※編集部オリジナルランキングです。

実は死んでなかった!?

生存説が消えないランキング

1 源義経（武将）

信頼度 ???????

中国大陸にわたってフビライ・ハンに!?

源頼朝と争って自害したはずが、逃げてフビライ・ハンとなり、元を建国したという説もあるよ。

2 西郷隆盛
（武士、軍人、政治家）

信頼度 ??????

戦死したのは影武者となった教え子。本物は国外に身をかくした!?

西南戦争で死んだはずだけど、中国や朝鮮、インドなどに逃げたというウワサが立っているよ。

3 明智光秀
（戦国武将）

信頼度 ?????

寺に逃げこみ、その後徳川家康のアドバイザーに!?

延暦寺で天海という僧になった後、家康の相談役になったというウワサもあるんだ。

『羅生門』『鼻』などの作品を書いた

芥川龍之介
(あくたがわりゅうのすけ)

生没年
1892〜1927

明治〜昭和時代

なんとなくわかる！
人生すごろく
START！

母が病気がちで、母の実家で育てられ、読書好きの少年になる

芥川龍之介の代表作をひとつあげよ！（答えはこのすごろくの中に）

1913年
東京帝国大学（東京大学）の英文学科に入学

やる気にあふれて3コマ進む

1915年
『羅生門』などの短編を発表

この羅生門がどこにあったか調べよ！（答えは欄外）

答え：平安時代の京都。
現代では「羅城門」と表記。

144

※明治時代から大正時代の文学者。英文学を学び、『吾輩は猫である』『坊っちゃん』などで有名作家になった。

不安に負けてしまい、一歩ふみ出す勇気が出なかった。

作家活動のいきづまり

芥川は、古典を題材にして人間心理をえがくのが得意だった。ただ、文学の世界では新しい動きがおこっていて、時代に合わせて自分のスタイルを変えようと挑戦したけど、なかなかうまくいかなかったんだ。

『河童』

人間社会と逆の考えの河童の世界をえがくことで、人間社会を批判した小説。芥川は、この小説を書いた年に自殺したんだ。芥川の命日はこの小説にちなんで「河童忌」とよばれているよ。

本当に残念です。

しゅん…

妻や子どもたちには、悪いことをしたかな。友人たちも心配してくれたのに…。

生きることへの不安や、作家活動のいきづまりが自殺の原因と言われていますが。

ぼくの当時の気持ちが知りたいなら、『河童』という作品を読んでくれたまえ。

送信

ryunosuke

もともと必要以上に、人に気をつかってしまうタイプ。ぼくは作家としてかなり人気があったから、プレッシャーもたいへんなものだったよ。理想と現実のちがいに悩んでいたんだ。でも、もっと気楽に生きられる方法を追求すればよかったのかもしれない。自由に生きている作家仲間もいた※からね。

#きまじめ　#重圧　#胃がいたい

😢 **かなしいね** 55620件

※ 芥川と同時代の作家・菊池寛は、文藝春秋という出版社を立ち上げ、バリバリ働いた。谷崎潤一郎も世の中の常識にとらわれず、自由に生きたことで知られる。

しくじり
まとめ

何かで落ちこんだときは
別のことをやってみよう。

もやもやするときや失敗つづきのときは、気持ちを切りかえる工夫も必要。まずはこだわりやしがらみを捨てて、新しいことに挑戦してみるのもいいかもしれない。

みんなのコメント

天才肌＆繊細な心を持つ大作家 芥川って実はこんな人!!

▼身近な人の証言からも、まじめで不器用な性格がうかがえる

66 短編は天才的でしたが、長編が苦手だったようです 99

👤 **作家仲間** あちゃー

長編作を書きあげるが、それを失敗作と呼び、書き直ししようとするよ。しかし、途中でイヤになってやめてしまうんだ。また、新聞社につとめて創作にはげもうと思ったが、新聞に連載する小説も、うまく書けなかったんだ。

66 おじぎがていねいで長い。自分が頭をあげても、まだ頭をさげつづけていて、あわてました 99 👤 **萩原朔太郎（詩人）** へぇ〜

66 「ふみちゃんがずっと好きでした」という直球型ラブレターをもらいました。 99
👤 **芥川文子（妻）** へぇ〜

ふみちゃんがずっと好きでした。

▼人の心をつかむ、カリスマ的な存在

大ファンだったので、同じポーズで写真を撮りました

👤 太宰治 いいね! 😊

絶大な人気があった芥川。作家の太宰治は、芥川の作品から芥川本人まで、すべてにあこがれていたようだ。授業中のノートに、芥川の名前を何度もらく書きしたり、同じポーズで写真を撮ったりしているよ。

手紙をもらったが、その内容がすばらしかったので、とっておくことにした

👤 正宗白鳥（評論家） いいね! 😊

▼作家の中でもぬきん出て、多くの本を読んだ勉強家だった

『羅生門』『芋粥』などの代表作は、日本や西洋の古典に作品のテーマを求めました

👤 作家仲間 いいね! 😊

ドイツ語やフランス語が自然と口から出てきたよ

👤 作家仲間 へぇ〜 😮😮

これにておしまいじゃ！

歴史のうわさ （まとめ）
【習慣編】（ ﾟдﾟ Ⅲ）

昔は技術が発展していなかったし、その時代独特の決まりも守らなければならなかった。メンドウに思えることが習慣になっていて驚き！

平安時代 @hazukashigariya
帽子はぬぎません。男が人前で頭を出すなんて…。ああ恥ずかしい。

男性は室内でも烏帽子を取らなかったんだ。烏帽子をかぶったまま寝ることも。

奈良時代 @sentakuinochi
わしも、役所の制服が1着しかないため、洗たくするために2日間も休まねばならなかった。なかなかかわかず、苦戦中じゃ…。

> **平成時代** @natsuhatsuraiyo
> やべっ、制服汗くさい…。

江戸時代 @amaimonodaisuki
虫歯になったら抜く!!　それしかない!
抜くの上手な人、さがして。マジでお願い。

治療法が進んでいなかったので、虫歯は抜くしかなかったんだ。麻酔なんてなかったよ。

平安時代 @heianjoshi
十二単※って、ステキなんだけど、重いのよ
ね…。20kgくらいあるから、貧血を起こす子
もいるのよ。

※平安時代、貴族の女性が着ていた着物。着物を何枚も重ねて着て、はなやかさをきそった。枚数も4、5枚から、20枚以上着ることもあった。

平成時代 @jidorimania
マジ!? こっちは、昨日、自撮り練習中につき、
100枚撮っちゃったよ。

江戸時代（幕末）
@bunmeikaikadanshi
写真撮影ってすっご
くたいへん…。首つ
かれる…。

撮影に時間がかかり、撮られる人は棒で首を支えて動かないようにしたとも。

日本の歴史

ここで、日本の歴史の「おもなできごと」を縄文時代からまとめたよ。
ツッコミたくなるできごとといっしょに、歴史を振り返ってみよう！

年代	時代	おもなできごと
1万〜2000年ほど前	縄文	人々が縄文土器を作り始める
紀元前4世紀ごろ	弥生	稲作や金属器の使用が始まる
239年		卑弥呼が魏（中国）に使いを送る
5世紀	古墳	大和政権の王が各地の豪族をしたがえる
593年	飛鳥	聖徳太子（厩戸皇子）が推古天皇の摂政となる ☀
645年		蘇我蝦夷・入鹿親子がたおされ、大化の改新が始まる 💧
710年	奈良	都を平城京（奈良）に移す
712年		『古事記』ができる
752年		聖武天皇が奈良に大仏を建てる ☀
754年		鑑真が平城京に到着する ☀
794年	平安	都を平安京（京都）に移す
935年		平将門が乱をおこす 💧
11世紀初		紫式部が『源氏物語』を著す ☀
1016年		藤原道長が摂政となる ☀
1159年		源義朝が平治の乱でやぶれ、平氏が台頭する

まとめすぎ年表

あっぱれ歴史人物事典
に登場するできごと

しくじり歴史人物事典
に登場するできごと

ツッコミたいできごと

飛鳥時代　607年

遣隋使の小野妹子（6世紀～7世紀）、
隋の皇帝からの
返事の手紙をなくす

日本からの手紙に皇帝が激怒し、怒り爆発の内容
だったので、わざとなくしたという説も。

飛鳥時代　645年

蘇我蝦夷（586?～645）、
『天皇記』『国記』などの
大切な歴史書を燃やす

息子の蘇我入鹿（→P54）（?～645）が暗殺されたため、屋
しきに火をかけ自害。いっしょに歴史書も燃えてしまった。

飛鳥時代　663年

「白村江の戦い」で
百済を助けるため唐＆新羅軍と戦い、
思った以上に大敗

中大兄皇子（626～671）は唐の報復を恐れて、
防人制度をつくるほどだった。

153

年代	時代	おもなできごと
1167年	平安	平清盛が武士として初めて太政大臣となる 💧
1185年		源義経が壇ノ浦の戦いで平氏をほろぼす 💧
1192年	鎌倉	源頼朝が征夷大将軍に任命される ☀
1213年		源実朝の『金槐和歌集』が完成する 💧
1268年		北条時宗が8代執権になる ☀
1274年		元軍が九州北部に襲来する
1333年		鎌倉幕府がほろびる
1338年	室町	足利尊氏が征夷大将軍に任命され室町幕府を開く
1404年		足利義満が日明貿易（勘合貿易）を始める ☀
1489年		足利義政が銀閣を建てる 💧
1547年		武田信玄が甲州法度之次第を定める 💧
1560年		今川義元が桶狭間の戦いで織田信長に敗れる 💧
1573年		織田信長が室町幕府をほろぼす 💧
1582年	安土桃山	明智光秀が本能寺で織田信長をたおす 💧
1590年		豊臣秀吉が全国を統一する ☀
1600年		石田三成が関ヶ原の戦いで敗れる 💧
1603年	江戸	徳川家康が征夷大将軍に任命される ☀
1615年		真田幸村が大坂夏の陣で敗れる ☀
1687年		徳川綱吉が生類憐みの令を出す 💧
1689年		松尾芭蕉が『奥の細道』の旅に出発する ☀
19世紀始め		歌川広重が「東海道五十三次」を描く ☀
1772年		田沼意次が老中となる 💧

ツッコミたいできごと

しばらくそこで反省しなさい!!

……

罪人 雨水

平安時代 **？年**

白河上皇 (1053〜1129)、雨水を器に入れ、牢屋に閉じこめる

雨のせいで予定していた式典が何度も延期になり、激怒したためだそう。

ガーン

お見通しじゃ!!

バレてる

室町時代 **1561年**

山本勘助 (1493?〜1561)、天才軍師のはずが、上杉謙信 (1530〜1578)に一本取られる

川中島の戦いにおいて「キツツキ戦法」で敵をおびき出そうとしたら、謙信に見やぶられていた。

もうやめなさいよー!

ちょっと男子い！

安土桃山時代 **1599年**

石田三成 →P86 (1560〜1600)、徳川家康 (1542〜1616) の屋しきに逃げ込んで命を救われる

敵対する武将らに襲われたので、三成は家康の屋しきに逃げこみ、家康が武将たちを説得した。こののち、三成が家康にやられるとは…。

155

年代	時代	おもなできごと
1853年		アメリカの使節ペリーが浦賀（神奈川県）に来航する
1854年		アメリカと日米和親条約を結ぶ
1858年	江戸	井伊直弼がアメリカと日米修好通商条約を結ぶ 🌢
1866年		坂本龍馬の仲立ちで薩長同盟が結ばれる ☀
1867年		徳川慶喜が大政奉還を行う 🌢
1868年		五箇条の御誓文が出される
1877年		西郷隆盛が西南戦争で敗れる 🌢
1889年		大日本帝国憲法が発布される
1894年		日清戦争がおこる
1901年	明治	田中正造が天皇に直訴する ☀
1904年		日露戦争がおこる
1911年		平塚らいてうが『青鞜』を発刊する ☀
1914年		第一次世界大戦が始まる
1918年		芥川龍之介が『蜘蛛の糸』を発表する 🌢
1923年	大正	関東大震災がおこる
1939年		第二次世界大戦が始まる
1941年		太平洋戦争が始まる
1945年		ポツダム宣言を受け入れ, 日本が降伏する
1946年		日本国憲法が公布される
1951年	昭和	手塚治虫がのちの『鉄腕アトム』の連載を始める ☀
1956年		日本が国際連合に加盟する
1964年		東京オリンピックが開催される
1972年		沖縄が日本に復帰する
1995年	平成	阪神・淡路大震災がおこる
2011年		東日本大震災がおこる

ツッコミたいできごと

江戸時代 1614年

豊臣家、だまされて城の外堀だけでなく内堀も埋められる

「大坂冬の陣」で徳川家康（1542～1616）と和解したはずが、城の防御力がガタ落ちに。

※もともとの和解の条件にも、内堀は豊臣家が埋めるという取り決めがあったが、なかなか進まないので、徳川家が手を出したという説もある。

江戸時代 1854年

吉田松陰（1830～1859）、アメリカに渡ろうとするが、ペリーに断られる

黒船で密航しようとするが、江戸幕府との関係を心配したペリーにより、送り返される。

江戸時代 1867年

土佐藩主・山内豊信（1827～1872）、「小御所会議」に酔っぱらって出席

徳川慶喜 →P44 （1837～1913）の今後を決める大事な会議だったが、酔っていたせいか討論で負ける。

157

さくいん

監修
大石学 (東京学芸大学教授・副学長)

イラスト
みゃーぎ

執筆
竹内美恵子、松田明子

ブックデザイン
千葉慈子 (あんバターオフィス)

校正協力
古川瑶子

DTP製作
新榮企画

【主な参考文献】

『新しい江戸時代が見えてくる』(大石学著、吉川弘文館)／『衣服の歴史 美しい日本の服装の原点をさぐる』(佐藤和彦監修、ポプラ社)／『元禄時代と赤穂事件』(大石学著、KADOKAWA)／『食物の歴史 写真や絵でみる食生活のうつりかわり』(佐藤和彦監修、ポプラ社)／『戦国武将大百科 3(合戦編)』(二木謙一著、ポプラ社)／『戦国武将の履歴書 教科書には載っていない意外な素顔』(小和田哲男監修、宝島社)／『田沼意次の時代』(大石慎三郎著、岩波書店)／『鳥羽伏見の戦い―幕府の命運を決した四日間』(野口武彦著、中央公論新社)／『日本の近代小説』(中村光夫著、岩波書店)／『読むだけですっきりわかる日本史』(後藤武士著、宝島社)

しくじり歴史人物事典

2017年12月5日　第1刷発行

発行人　黒田隆暁
編集人　芳賀靖彦
企画編集　松尾智子
発行所　株式会社 学研プラス
　　　　〒141-8415 東京都品川区西五反田2-11-8
印刷所　凸版印刷株式会社

●この本に関する各種お問い合わせ先
[電話の場合] 編集内容については TEL 03-6431-1612 (編集部直通)
　　　　　　在庫・不良品 (乱丁・落丁) については TEL 03-6431-1197 (販売部直通)
[文書の場合] 〒141-8418 東京都品川区西五反田2-11-8　学研お客様センター『しくじり歴史人物事典』係

●この本以外の学研商品に関するお問い合わせ先
TEL 03-6431-1002 (学研お客様センター)

●お客様の個人情報取り扱いについて
アンケートはがきにご記入いただいてお預かりした個人情報に関するお問い合わせは、
株式会社 学研プラス　小中学生事業部　図鑑・辞典編集室 (電話03-6431-1617) までお願いいたします。
当社の個人情報保護については、当社ホームページ (https://gakken-plus.co.jp/privacypolicy/) をご覧ください。

●複写 (コピー) をご希望の場合は、下記までご連絡ください。
日本複製権センター　http://www.jrrc.or.jp　E-mail:jrrc_info@jrrc.or.jp　TEL 03-3401-2382
Ⓡ <日本複製権センター委託出版物>

学研の書籍・雑誌についての新刊情報、詳細情報は、下記をご覧下さい。
学研出版サイト　http://hon.gakken.jp/